CAICT 中国信通院 | 集智丛书

工信知识赋能工程

算力崛起

重塑未来经济与社会

中国信息通信研究院　王骏成　黄伟　黄璜◎编著

人民邮电出版社

北　京

图书在版编目（CIP）数据

算力崛起 : 重塑未来经济与社会 / 王骏成, 黄伟, 黄璜编著. -- 北京 : 人民邮电出版社, 2025. -- （中国信通院集智丛书）. -- ISBN 978-7-115-65942-2

Ⅰ. TP393.072

中国国家版本馆 CIP 数据核字第 20258GN807 号

内 容 提 要

算力是新兴且至关重要的生产力要素，本书阐述了在数字化浪潮席卷全球的今天，算力如何以前所未有的方式重构现代社会经济结构，不断驱动创新。本书共分为 6 章，涵盖算力的理论与框架、全球算力演变的浪潮、我国算力的崛起与影响、算力的量化评估——中国算力发展指数、算力应用场景及案例，以及推动算力高质量发展的策略等内容。本书旨在帮助读者深入理解算力，深刻认识算力在经济社会中的重要作用，使其更好地把握算力发展的新机遇，为迎接数字化时代的挑战做好准备。

本书适合科技产业政策的制定者、科技产业管理者、算力供给侧和需求侧的企事业人士、相关金融投资者及相关专业院校师生和对算力感兴趣的广大读者阅读。

◆ 编　著　中国信息通信研究院　王骏成　黄　伟　黄　璜
　　责任编辑　胡　艺
　　责任印制　马振武

◆ 人民邮电出版社出版发行　　北京市丰台区成寿寺路 11 号
　　邮编　100164　　电子邮件　315@ptpress.com.cn
　　网址　https://www.ptpress.com.cn
　　固安县铭成印刷有限公司印刷

◆ 开本：710×1000　1/16
　　印张：10.25　　　　　　　　　　2025 年 8 月第 1 版
　　字数：126 千字　　　　　　　　2025 年 8 月河北第 1 次印刷

定价：69.80 元

读者服务热线：(010)53913866　印装质量热线：(010)81055316
反盗版热线：(010)81055315

>>>丛书编写组

丛书顾问专家：

续合元　王爱华　史德年　石友康　许志远　何　伟

本书编写组成员：

王骏成　黄　伟　黄　璜　孙丽明　何秀菊　邸绍岩

周　兰

当前，新一轮科技革命和产业变革正在重塑全球经济结构，这场变革的核心驱动力之一，便是算力。从最初的简单计算工具到如今超级计算机、云计算、边缘计算、智能计算、量子计算等多元化算力形态的涌现，算力的重要性已被提升到新的高度，其战略性地位和支撑性作用已在全球范围内达成了广泛共识。随着信息技术的飞速发展，算力这一曾经隐于幕后、支撑起无数科技奇迹的基石，正以前所未有的速度发展，成为数字经济时代新的生产力，夯实了数字经济发展的基础，加速了数字经济与实体经济的深度融合，在推动科技进步、促进行业数字化转型以及支撑经济社会发展方面发挥着重要的作用。

我们生活在一个数据爆炸式增长的时代，每一秒都有海量信息在全球网络中涌动，而算力正是将这些原始数据转化为有价值的信息、知识与智能决策的神奇钥匙。它不仅关乎技术层面的突破，更深刻地影响了生产方式、商业模式乃至社会结构发生根本性变革。

本书开篇，我们首先从理论层面深入剖析算力的本质和内涵，构建全面而系统的理论框架，为后续的探讨奠定坚实的基础。随后，本书通过描绘全球算力演进的壮阔图谱，展现了算力产业从萌芽到繁荣的非凡历程，以及它在数字经济发展中所扮演的核心角色和引发的国际竞争格局的深刻变化。

值得关注的是，在我国这片充满活力与创新精神的土地上，算力的发展更是日新月异、成就斐然。本书详尽介绍了我国算力规模的快速增长、多样的技术创新路径，以及算力如何成为推动行业变革和经济增长的强大动力。通过对算力发展指数的深度剖析，本书系统展示了我国算力发展的综合实力，揭示了其与GDP之间的紧密联系，展现了部分城市在算力领域的卓越成就。

然而，算力的发展并非一帆风顺。面对应用多元化、供需不平衡等挑战，以及人工智能、数字孪生、元宇宙等新兴技术所带来的新机遇，算力产业正经历着前所未有的变革与重构。本书在深入分析这些挑战与机遇的基础上，提出算力发展的综合策略，涵盖基础设施建设、核心技术突破、产业生态优化、政策支持强化、应用场景拓展及国际策略布局等多个维度，旨在为全球算力产业的可持续与高质量发展提供有力指导。

本书不仅是一部关于算力技术的专业图书，更是一次对未来经济形态与社会发展的深刻洞察。我们相信，随着算力技术的不断革新与普及，一个更加智慧、包容、绿色的未来世界正缓缓展开。让我们携手并进，共同见证并参与这一伟大时代的变革，以算力为翼，飞向更加辉煌的明天！

本书编写团队

CONTENTS **目录**

第**5**章　算力应用场景及案例　　　　　　　117

▼

6 第六章　推动算力高质量发展的策略　　139

第一章

算力的理论与框架

在数字化浪潮席卷全球的今天，算力作为数字经济时代的基石，其重要性日益凸显。从狭义的技术定义到广义的对社会经济的影响，算力不仅推动技术的进步，还是驱动社会转型、产业升级的关键力量。本章将从多个维度深入剖析算力的本质与内涵，探讨其在数字经济时代的深远意义。

一、算力的发展历程

在数字化时代，算力被视为推动科技进步和社会发展的核心驱动力，它不仅推动了人类文明的一次次跨越，也成为衡量国家竞争力的重要指标。从早期的手工计算到今天的高性能计算，从个人计算机的普及到云计算和边缘计算的兴起，再到人工智能与大数据分析的深度融合，算力的每一次提升都伴随着技术的革新与应用的拓展。算力的演变不仅反映了人类对计算能力不断追求的历史进程，还展示了其如何逐步成为支撑全球经济、科学研究、医疗健康乃至日常生活的基石。

（一）早期计算机的发展

1. 机械计算器的出现

早在计算机诞生之前，人们就已经在寻找各种方法来进行计算。

最早的计算工具是算盘，这种简单的计算工具通过移动小珠子来帮助人们进行加减法运算。随着科学技术的发展，在 17 世纪更复杂的机械计算器出现，如布莱兹·帕斯卡发明的帕斯卡计算器。这种计算器能够进行复杂的加减运算，标志着机械计算时代的来临。

然而，机械计算器的局限性也十分明显。它们通常体积庞大、操作复杂，并且只能处理相对简单的数学运算。因此在面对更复杂的计算需求时，使用机械计算器显然力不从心。

2. 电子计算机的诞生

20 世纪 40 年代，随着电子技术的进步，第一台通用电子计算机 ENIAC（电子数值积分计算机）在美国诞生。ENIAC 由电子管构成，能够进行复杂的数学计算，其运算速度远超机械计算器。它可以在几秒内完成原本需要数天甚至数周的运算，极大地提高了计算效率。

ENIAC 的出现不仅是计算机技术的重大突破，还为后来的计算机发展奠定了基础。随着科技的不断进步，电子管逐渐被更小、更高效的晶体管所取代。这一转变使得计算机的体积缩小、性能提升，第二代电子计算机诞生。

3. 从电子管到晶体管的转变

晶体管的发明是计算机发展历史上的又一个重要里程碑。与电子管相比，晶体管不仅体积更小、能耗更低，而且更加可靠。20 世纪 60 年代，采用晶体管制造的计算机开始逐渐取代采用电子管制造的计算机，采用晶体管制造的电子计算机被称为第二代电子计算机。

在这一阶段，计算机的性能和功能得到了显著提升，开始广泛应用于商业和科研领域。早期的操作系统和编程语言也在这一时期逐渐得到

3

发展，为后来的计算机技术的快速发展奠定了基础。

计算机的发展标志着人类计算能力的重大飞跃。从机械计算器到电子计算机，再到晶体管的应用，随着技术的不断演进，计算机将拓展至更广泛的应用领域，并影响着社会的方方面面。

（二）集成电路与微处理器时代

1. 集成电路的发明

1958 年，杰克·基尔比在德州仪器公司工作时，成功研制出世界上第一块集成电路。同年，罗伯特·诺伊斯也在仙童半导体公司独立发明了类似的集成电路技术。这两次发明都促进了现代电子设备的小型化、高效化。

集成电路是将大量晶体管、电阻、电容及其他电子元器件集成在一个小硅片上，通过精细的制造工艺将它们连接在一起，形成的一个完整电路。集成电路大大缩小了电子设备的体积，减轻了其重量，同时也提高了可靠性，降低了成本。集成电路的应用范围极为广泛，从家用电器、汽车电子系统到通信设备和计算机，绝大多数的现代电子产品都离不开集成电路的支持。

随着集成度不断提高，单个芯片上可以容纳更多的晶体管，这不仅意味着更高的计算速度，也意味着更低的能耗和更稳定的性能。根据摩尔定律，集成电路上可容纳的晶体管数目大约每隔两年便会增加一倍，这一预测在过去几十年中得到了验证，并且推动了整个信息技术产业的快速发展。集成电路技术的发展极大地提升了算力水平。

2. 微处理器的崛起

微处理器的诞生可以说是个人计算机兴起的关键催化剂。20世纪70年代初，微处理器的概念开始形成，并迅速进入了商用阶段。1971年，英特尔（Intel）推出了世界上第一款商用微处理器——Intel 4004。尽管它的运算能力相当有限，只有4位的运算宽度，但它是首个将中央处理器的所有功能集成在一个芯片上的实例。1978年，英特尔推出了Intel 8086，该微处理器是第一个16位微处理器，它拥有强大的寻址能力和较高的运算速度，为后续的IBM PC兼容机的发展铺平了道路。与此同时，Zilog的Z80微处理器也在个人计算机市场占据了重要地位，尤其是在早期的家用计算机领域，如Commodore PET、ZX Spectrum等。Intel 8086、Z80等微处理器的出现进一步推动了计算机技术的进步。

（三）个人计算机与互联网时代

1. 个人计算机的普及与发展

随着微处理器技术的不断进步，个人计算机开始逐渐走向大众。1977年，苹果推出的Apple Ⅱ成为一款标志性产品，它不仅具有彩色图形显示功能，还配备了软盘驱动器，这在当时是非常先进的配置。Apple Ⅱ的成功商业化激发了更多企业投身于个人计算机的研发之中。

1977年也被誉为"个人计算机年"，这一年，除苹果的Apple Ⅱ外，还有柯莫道尔（Commodore）的PET-2001以及Radio Shack的TRS-80 Model 1相继面世，这3款个人计算机被称为"1977年的三巨头"。

1981年，IBM（国际商业机器公司）推出了IBM PC，这款个人计算机以其开放的标准和广泛的软件支持迅速赢得了市场的认可，成为个人计算机行业的标杆。IBM PC 的成功催生了兼容机市场，从而进一步推动了个人计算机的普及。

随着个人计算机的普及，软件开发也随之繁荣起来。微软的MS-DOS 操作系统成为 IBM PC 兼容机的标准操作系统，而微软的另一个产品——Microsoft Windows，则逐渐发展成为用户界面友好的图形化操作系统，极大地改善了用户的使用体验。

随着技术的不断进步，个人计算机的形态也在不断演变，从最初的桌面机到笔记本电脑，再到平板电脑和智能手机，算力的载体越来越多样化，但个人计算机作为计算平台的核心地位一直未变。

2. 互联网的发展与计算资源的共享

互联网的出现不仅极大地改变了信息的传递方式，而且也为计算资源的共享开辟了全新的路径。从 20 世纪 90 年代起，随着 TCP/IP 的标准化推广和全球网络基础设施的不断完善，互联网迅速普及，成为连接世界各地的重要纽带。在这个过程中，计算资源的共享模式经历了从集中式到分布式的转变。

在互联网的早期阶段，计算资源主要是集中管理的。用户通常需要通过固定的连接和访问特定的服务器来获取所需的服务或数据。这种方式虽然有效，但在面对大规模用户需求时显得效率低下且不够灵活。此外，早期的互联网主要用于学术研究和军事活动，普通公众接触互联网的机会较少。

随着电子邮件、FTP（文件传输协议）和 Web 技术的出现，互联网开始展现其作为资源共享平台的巨大潜力。人们可以通过网络轻松地共享文件、访问远程数据库和在线交流。这些技术的发展不仅促进了信息的快速流通，也为分布式计算打下了基础。

进入 21 世纪，随着宽带网络的普及和硬件成本的降低，开放式计算平台逐渐成为主流。Linux 操作系统、Apache Web 服务器等开源软件的流行，让更多的开发者能够参与互联网技术的创新。开源软件不仅降低了开发成本，促进了技术的快速迭代，还提高了社区协作效率。

（四）算力与人工智能的飞速发展

1. 数据中心与云计算

自 20 世纪 90 年代互联网兴起以来，随着在线服务需求的增长，数据中心的概念逐渐形成并发展。数据中心最初用于集中管理和托管大量的服务器、存储设备和网络设施，以支持企业内部的应用。随着时间的推移，数据中心的设计和运营逐渐变得专业化，以适应不断增长的计算需求。

早期数据中心主要追求的是物理空间的合理布局、电力供应的稳定性和冷却系统的有效性。随着互联网服务的兴起，数据中心需要提供更高水平的连通性和安全性，以保证关键业务的持续运行。

服务器技术的进步同样推动了数据中心的发展。从最初的单处理器服务器到多核处理器、从独立服务器到刀片服务器，再到高密度计算节点，服务器技术的进步使得数据中心能够承载更大规模的计算，同时提高能源利用效率。

云计算的概念是随着互联网技术的成熟和数据中心技术的进步而诞

生的。云计算是一种通过互联网按需提供计算资源（如服务器、存储、数据库等）的服务模式。用户可以根据需要购买这些资源，而不必了解或管理底层硬件。

云计算平台的出现为用户提供了极大的灵活性和可扩展性。例如，亚马逊AWS、微软Azure和谷歌云等云服务提供商通过其庞大的数据中心网络，为全球各地的企业和个人提供了几乎无限的计算资源。用户可以根据实际需求随时增减计算资源，从而节省成本并提高效率。

数据中心与云计算的结合也成为当前技术发展的一个重要方向。通过云计算平台，用户可以轻松地部署和运行大数据处理框架，如Hadoop、Spark等，以应对日益增长的数据处理需求。云计算平台不仅提供了必要的计算资源，还简化了数据管理流程，使得数据的存储、处理和分析变得更加便捷、高效。

2. 高性能计算与超级计算机

超级计算机代表着计算技术的最高水平，自20世纪40年代第一台电子计算机诞生以来，超级计算机的发展持续拓宽了计算技术创新的边界。早期超级计算机的设计初衷是满足科学研究中大规模计算的需求。

进入20世纪90年代，随着并行处理技术的进步，超级计算机开始采用多核处理器和大规模并行处理（MPP），以提高计算效率。此时，IBM的SP系列、SGI的Origin系列等高性能计算系统应运而生，它们能够支持更多的并发任务，满足了更广泛的应用需求。超级计算机在21世纪的突破表现在其性能的持续提升和技术创新。2008 年，IBM 的 Roadrunner 成为世界上第一台达到每秒千万亿次浮点运算级别的超级计算机。之后，我国的"天河二号"和"神威·太湖之光"相继刷新世界纪录，展示了我国在高性能计算领域的强大实力。

超级计算机在多个领域都有着不可替代的作用，特别是在需要大量计算资源的科学和工程计算中。例如，超级计算机是天体物理、粒子物理、气候模拟等领域科研的有力工具，可以模拟宇宙的演化、粒子碰撞、地球气候变化等复杂现象，帮助科学家更好地理解自然界的基本规律。

3. 移动计算与边缘计算

移动计算的兴起标志着计算能力的载体从固定设备向便携式设备的转变。2007 年，苹果推出了第一代 iPhone，这款设备不仅是一部手机，更是一个集通信、多媒体播放和互联网接入于一体的多功能终端。iPhone 的成功引领了智能手机市场的爆炸式增长，各大厂商纷纷跟进，推出了各自的智能手机产品。这些设备不仅具备通话功能，还能够上网浏览信息、发送电子邮件、使用各种应用程序，甚至进行视频通话。

平板电脑的出现进一步扩展了移动计算的范围。2010 年，苹果推出了 iPad，这款设备介于智能手机和笔记本电脑之间，提供了更大的屏幕和更丰富的用户体验。平板电脑非常适合电子书阅读、视频观看、游戏娱乐和轻量级办公任务的处理，它填补了智能手机和笔记本电脑之间的空白，成为许多人日常生活中的重要工具。

随着物联网（IoT）技术的发展，设备数量急剧增加，产生的数据量也随之激增。传统的云计算模式面临着数据传输时间延迟和带宽消耗大的问题，无法满足某些实时应用场景的需求。边缘计算在这种背景下应运而生。

边缘计算是一种分布式计算架构，它将计算资源部署在网络的边缘节点上，靠近数据产生的源头。这样做的好处是可以降低数据传输到云端的时间延迟，从而提高响应速度；同时也可以减轻中心服务器的压力，减少网络带宽的占用。在边缘节点上进行初步的数据处理和分析，可以过滤掉不必要的数据，只将关键信息上传到云端进行下一步处理。

4. 人工智能与算力需求

随着人工智能（AI）技术的发展，尤其是深度学习技术的突破，AI算法对算力的需求呈现出指数级增长的趋势。深度学习模型通常包含数百万乃至数十亿个参数，需要训练大量数据才能获得良好的性能。这种训练过程涉及复杂的矩阵运算，需要强大的计算能力来支持。

深度学习模型如卷积神经网络（CNN）、循环神经网络（RNN）和Transformer等，已经在图像识别、自然语言处理、语音识别等领域得到了广泛应用。然而，训练这些模型往往需要很长时间的计算，尤其是在处理大规模数据集时。因此，为了缩短训练时间和提高模型性能，需要更高性能的计算资源。

大数据分析也是算力需求增长的重要因素之一。在AI应用中，数据量的增加不仅要求更快的数据处理速度，还要求更高效的存储和检索机制。例如，在推荐系统、广告投放和金融风控等领域，实时分析大量用户行为数据的能力直接影响系统的响应速度和决策质量。

为了应对 AI 算法对算力的高需求，图形处理单元（GPU）加速计算技术应运而生。GPU 最初被用于处理图形渲染任务，具有并行处理大量数据的能力。随着深度学习的发展，研究人员发现 GPU 非常适合执行矩阵运算，因此开始将其应用于 AI 训练任务。

GPU 加速计算的优势在于其能够并行处理大量的计算任务，显著加快训练过程。英伟达（NVIDIA）推出的 Tesla 系列 GPU 专为高性能计算和数据中心而设计，支持 CUDA 编程模型，使得开发者能够充分利用 GPU 的并行计算能力。此外，其他厂商如超威半导体（AMD）也推出了相应的 GPU 产品，用于加速 AI 计算任务的进程。

专用 AI 芯片则是针对特定 AI 任务进行优化的产物。研究人员在设计这些芯片时考虑了深度学习模型的特点，通过定制化的硬件架构来提高计算效率。例如，谷歌开发的张量处理单元（TPU）专为加速 TensorFlow 框架中的计算任务进程而设计，相较于传统的 CPU 和 GPU，在能效方面都有显著提升。

除了 TPU，还有其他一些专用 AI 芯片被开发，如寒武纪科技的 MLU 系列、华为的 Ascend 系列和英特尔的 Nervana 系列等。这些芯片在设计上采用了专门的架构，如向量处理单元、TPU 等，以更好地匹配 AI 算法的计算需求。

随着技术的进步，未来可能会出现更多创新的硬件解决方案，以满足不断增长的 AI 算力需求。例如，量子计算、光计算等前沿技术有可能在未来几年内取得突破，为 AI 计算带来革命性的变革。

二、算力的本质与内涵

（一）狭义视角

从狭义上看，算力是指设备通过处理数据，实现特定结果输出的计算能力。2018 年诺贝尔经济学奖获得者 William D. Nordhaus（威廉·D. 诺德豪斯）在《计算过程》一文中提出："算力是设备根据内部状态的变化，每秒可处理的信息数据量。"这种能力由底层的硬件支撑，特别是中央处理器（CPU）、图形处理单元（GPU）、现场可编程门阵列（FPGA）、专用集成电路（ASIC）等计算芯片，它们通过复杂的电路设计和高效的算法优化，实现了对海量数据的快速处理，为科学研究、工程设计、金融分析等提供了强大的支持。

1. CPU：通用计算的王者

作为计算机系统的"大脑"，CPU 以其卓越的逻辑运算和程序控制能力，在通用计算领域占据着不可撼动的地位。它负责执行存储在内存中的指令，通过复杂的指令集和高效的流水线设计，实现对数据的快速处理与分析。无论是日常办公、网页浏览，还是复杂的科学计算、工程模拟，CPU 都是计算机系统不可或缺的核心组件。随着制程工艺的不断进步和架构设计的持续优化，CPU 的性能不断攀升，为各行各业提供了更加强大的计算支持。

2. GPU：并行计算的佼佼者

与 CPU 擅长处理复杂逻辑不同，GPU 以其强大的并行处理能力在图形渲染、深度学习等领域大放异彩。GPU 内部集成了成千上万个流处理器，能够同时处理大量简单而重复的任务，这种"以量取胜"的策略使得 GPU 在处理大规模数据集时表现出色。特别是在人工智能、机器学习等领域，GPU 的并行处理能力得到了广泛应用，加速了算法的训练与推理过程，推动了这些技术的快速发展与普及。

3. FPGA 与 ASIC：定制化计算的先锋

相较于 CPU 和 GPU 的通用性，FPGA 和 ASIC 则更加注重计算任务的定制化与高效性。FPGA 允许用户根据具体需求，在硬件层面上进行编程与配置，从而实现对处理特定计算任务的优化加速。这种灵活性使得 FPGA 在高速率、低功耗且高度定制化的应用场景中脱颖而出。而 ASIC 则更进一步，它将特定算法或功能直接固化在硬件电路中，实现了计算效率与功耗的极致优化。虽然 ASIC 的设计与生产成本较高，但其在网络通信等特定领域展现出了无可比拟的性能优势。

算力并非孤立存在，它需要依托计算机、服务器、高性能计算集群及各类智能终端等载体实现。这些载体构成了复杂的计算生态系统，使得算力能够跨越物理界限，实现数据的远程传输、分布式处理与实时分析。随着云计算、边缘计算等技术的发展，算力的部署与应用方式变得更加灵活、多样，这进一步推动了计算效率的提升和应用场景的拓展。通常采用每秒执行的浮点数运算次数（FLOPS）来衡量算力，这个数值越大代表综合计算能力越强，直观反映了计算设备的性能强弱。据测算，1 EFLOPS（1 EFLOPS=1×10^{18} FLOPS）相当于 5 台天河 2A 超级计算机或 25 万台主流双路服务器，或者 200 万台主流笔记本电脑的算力输出。

（二）广义视角

从广义上看，算力是数字经济时代的新质生产力，是推动数字经济发展的核心力量、支撑数字经济发展的坚实基础，也是服务整个经济社会发展的计算能力，在推动科技进步、促进行业数字化转型及支撑经济社会发展方面发挥着重要的作用。

1. 数字经济的核心驱动力

在农业时代的悠长画卷中，人力与畜力交织成生产力的基本脉络，奠定了社会发展的初步基础。而随着历史的车轮滚滚向前，工业革命的浪潮将电力推向了生产舞台的中央，它不仅照亮了生产线的每一个角落，还被作为衡量国家经济实力的关键指标，引领了一场前所未有的工业变革。进入数字经济时代，这一趋势得到了更为深刻的演绎。算力，这一看似无形的力量，却如同工业经济时代的蒸汽机、电动机一般，成为驱动经济社会发展的新引擎，如图 1-1 所示。算力、数据与算法三者紧密相连，构成了数字经济时代不可或缺的生产三要素，它们之间相互激发、相互促进，共同绘制了生产效率提升与产业结构优化的宏伟蓝图。

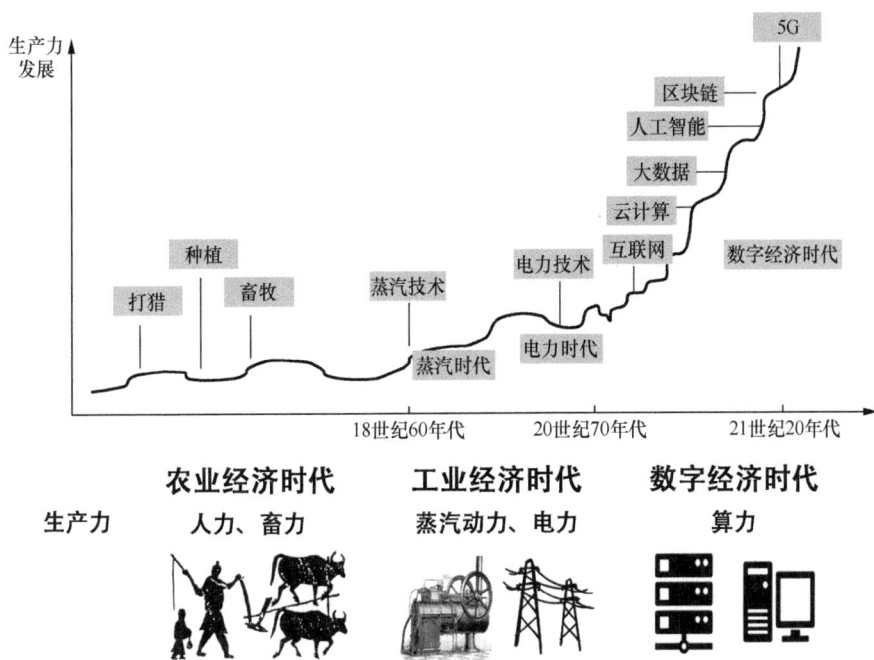

图 1-1 算力成为数字经济时代的新生产力

在数字经济发展的浪潮中，算力扮演着至关重要的角色。它不仅是ICT（信息与通信技术）产业蓬勃发展的基石，还是衡量经济发展潜力与活力的新标尺。互联网、云计算、大数据、人工智能、区块链、5G等前沿技术无一不依赖强大的算力支撑。这些技术的广泛应用不仅深刻改变了人们的生活方式，还为各行各业的数字化转型提供了强大动力，加速了传统产业的转型升级，催生并促进了新兴产业的蓬勃发展。数据作为数字经济时代的新生产资料，其海量增长与深度挖掘依赖于算力的持续增强；算法作为新生产关系，其不断优化与创新则依赖于算力与数据的深度融合。这三者相辅相成，共同构成了数字经济时代最坚实的生产基石。随着5G商用步伐的加速推进，万物互联的时代已经到来，算力在自动驾驶、智慧安防、智慧城市等前沿领域的应用场景不断拓展，边缘计算、雾计算等新兴计算模式应运而生，进一步丰富了算力的内涵。

算力的发展不仅为技术的升级换代提供了坚实支撑，还为应用的创新发展注入了强劲动力。它如同一条隐形的纽带，将数字政府建设、数据要素潜能释放及千行百业的数字化转型紧密连接在一起，推动了经济社会的高质量发展。中国信息通信研究院《中国算力发展指数白皮书（2023 年）》测算，算力投资的经济效益显著，每投入 1 元算力，即可带动 3 ~ 4 元的经济产出，这充分彰显了算力在数字经济时代的重要价值与广阔前景。

2. 科技进步的加速器

算力的增强直接推动了科学技术的快速发展。在科研领域，大规模并行计算、量子计算等前沿技术的应用，不断提升算力，通过模拟复杂物理现象、优化算法设计、加速模型训练等手段，为科学研究提供了前所未有的可能性。

大规模并行计算技术的兴起，是算力增强的直接体现，它使得科学家能够以前所未有的精度和规模模拟复杂物理现象，从微观粒子的量子行为到宏观宇宙的演化规律，无不在算力的助力下得以深入剖析。这种能力不仅极大地缩短了实验周期、降低了研究成本，还在理论验证、模型预测等方面展现出了无可比拟的优势。例如，在材料科学领域，通过对材料的微观结构变化进行大规模并行计算模拟，我们可以快速筛选出具有特定性能的新型材料，为新能源、生物医药等行业的发展提供了关键支撑。

量子计算的横空出世，更是算力领域的一次革命性飞跃。相较于经典计算机，量子计算机利用独特的量子比特和量子叠加态等特性，在计算速度和处理复杂问题上展现出惊人的潜力。虽然量子计算目前仍处于起步阶段，但其对科学研究的潜在影响已初露端倪。在药物发现、气候模拟、密码学等领域，量子计算有望带来颠覆性的解决方案。因此，算力的持续增强，为量子计算技术的研发与应用奠定了坚实的基础，也为科研探索开辟了全新的路径。

算力的提升也促进了技术的交叉融合与协同创新，不同领域的技术壁垒逐渐被打破，技术之间的界限日益模糊。这种趋势不仅加速了新技术的孵化与应用，还催生了一系列跨学科、跨领域的创新成果。以人工智能为例，深度学习、神经网络等算法的广泛应用，使得人工智能在图像识别、语音识别、自然语言处理等方面取得了显著进展。而这些算法的训练与优化，往往需要庞大的数据集和强大的计算资源。因此，算力的提升直接促进了人工智能技术的成熟与普及，推动了其在智能制造、智慧城市、医疗健康等多个领域的广泛应用。同时，人工智能的不断发展，又进一步推动了对算力需求的增长，形成了算力与人工智能相互促进、共同发展的良性循环。除了人工智能，云计算、大数据、物联网、区块链等新兴技术也都在算力的推动下实现了快速发展与广泛应用。例如，通过云计算与大数据的深度融合，企业可以实现对海量数据的实时分析与挖掘，从而洞察市场趋势、优化资源配置；而物联网与区块链的结合，则为构建安全可信的数字生态系统提供了可能。这些创新成果的实现，都离不开算力的强大支撑。

在算力的驱动下，新技术的孵化与应用呈现出加速态势。一方面，算力的增强使得新技术的研发周期大大缩短，研发成本显著降低。科学家们可以更加高效地进行模型设计、算法优化和实验验证，从而更快地推动新技术的成熟与落地。另一方面，算力的普及也为新技术的广泛应用提供了可能。无论是大型企业还是初创企业，都可以通过购买或租赁算力资源来支撑自己的技术创新与产品研发，从而加快新技术从实验室走向市场的步伐。在这一过程中，算力平台的建设与运营成为关键，云计算、超算中心等算力基础设施也不断发展与完善，这些平台不仅提供了丰富的算力资源，还通过开放应用程序接口（API）、提供开发工具等方式降低了技术门槛，使得更多的开发者能够参与技术的创新。同时，这些平台还通过构建生态系统、推动资源共享等方式，促进了新技术之间的交流与融合，为技术的协同创新提供了良好的环境。

3. 行业数字化转型的催化剂

在数字经济时代，算力已成为推动行业数字化转型的关键力量。通过算力的赋能，传统产业得以转型升级，新兴产业得以蓬勃发展。智能制造、智慧农业等新兴业态的兴起不仅提高了生产效率和服务质量，还促进了就业增长和消费升级。在制造业领域，算力的引入如同为传统生产线插上了智能的翅膀，推动企业实现从传统制造到智能制造的华丽转身。通过集成物联网、大数据、云计算、人工智能等先进技术，企业能够实现对生产流程的实时监控、智能调度与优化控制。算力强大的数据处理能力使企业能够迅速分析生产数据、精准预测市场需求，从而灵活调整生产计划，减少库存积压，提高生产效率。同时，借助人工智能算法，企业还能实现产品设计的智能化、生产过程的自动化以及产品质量的精细化控制，推动制造业向高端化、智能化、绿色化方向发展。在农业领域，通过运用物联网、遥感技术、大数据分析等手段，实现了对农业生产环境的精准监测与智能调控。算力强大的数据处理能力使农业生产者能够实时掌握土壤湿度、光照强度、作物生长状况等关键信息，从而科学制定灌溉、施肥、病虫害防治等管理措施，提高农业生产效率与农产品品质。此外，算力的应用还促进了农产品供应链的数字化改造与升级。通过构建农产品追溯体系与电商平台，农业生产者实现了农产品的精准营销与品牌建设，拓宽了销售渠道，提升了产品附加值，同时消费者也能享受更加安全、便捷、个性化的农产品购买体验。算力的广泛应用不仅促进了生产方式的智能化、管理模式的精细化和服务模式的个性化，还不断促进了新业态、新模式的涌现，为经济社会发展注入了新的活力。

算力在社会治理和公共服务领域的应用同样具有重要意义。通过构建智慧城市、智慧交通、智慧安防等系统，算力实现了对城市运行状态的实时监测、预警与响应，提高了社会治理的精准度和效率。例如，在智慧交通领域，算力能够实现对交通流量的实时监测与预测分析，从而帮助交通管理部门科学制定交通疏导方案、优化公共交通路线与班次安排；在智慧安防领域，算力则能够实现对城市安全事件的快速识别与响应，提高城市安全防范能力与应急处理能力。同时，算力还为教育、医疗等公共服务领域提供了更加智能化、个性化的解决方案，促进了公共资源的优化配置和公平分配。例如，在智慧教育领域，通过运用大数据分析、人工智能等技术手段，算力能够实现对学生学习行为的精准跟踪与分析，为每位学生提供个性化的学习路径规划与资源推荐。这种基于数据的个性化学习模式不仅提高了学生的学习兴趣与积极性，还促进了学习效果的显著提升。在智慧医疗领域，算力能够实现对海量医疗数据的深度挖掘与分析，帮助医生更加准确地诊断疾病、制定个性化治疗方案，同时，算力还在药物研发与临床试验过程中起到至关重要的作用，最终使新药上市速度加快，药物的疗效与安全性提高。

三、算力发展的理论框架

基于算力的内涵和特点，我们从算力规模、算力产业、算力技术、算力环境和算力应用 5 个维度来构建算力发展的理论框架，如图 1-2 所示。在数字经济时代，算力规模是国家和地区数字化生产力发展水平的重要指标，是生产力；算力产业是算力发展的基础底座，是竞争力；算力技术是算力创新发展的源泉，是驱动力；算力环境是算力发展的重要条件，是辅助力；算力应用反映了算力发展的需求状况，是牵引力。以先进计算为代表的算力技术和算力产业为算力规模发展提供坚实支撑，算力环境为算力规模、算力技术和算力产业的发展提供了肥沃土壤，算力应用拉动了算力规模和算力产业的增长，驱动了算力技术升级，五大要素相互促进、协同发展。

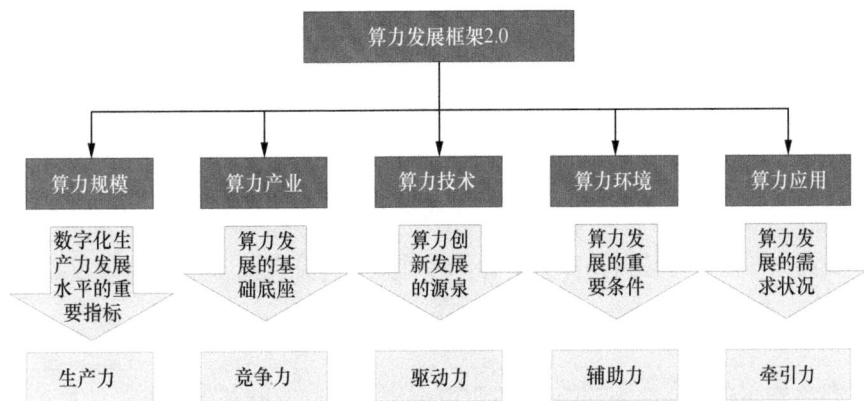

图1-2 算力发展的理论框架

（一）算力规模

算力规模作为衡量国家和地区数字化进程的核心标尺，不仅直接反映了其数字化生产力的广度与深度，还预示着未来经济社会发展的潜力与方向。随着数据量的爆炸性增长和复杂计算需求的不断涌现，持续扩大和优化算力规模成为提升国家竞争力的关键一环。这要求我们在硬件基础设施上应加大投入，构建多层次、广覆盖的算力资源池，以满足不同领域、不同场景的多样化需求。

现阶段，算力规模主要包括基础算力、智能算力和超算算力3部分，分别用于基础通用计算、人工智能计算和科学工程计算。其中，基础算力主要是基于CPU芯片的服务器等计算设备所提供的计算能力；智能算力主要是基于GPU、FPGA、ASIC等芯片的加速计算平台提供人工智能训练和推理的计算能力；超算算力主要是基于超级计算机处理极其庞大和复杂计算问题的能力。

（二）算力产业

算力产业作为算力发展的基石，其繁荣程度直接关系算力技术的创新速度和市场应用的普及程度。算力产业链涵盖计算设备、计算芯片、计算软件等关键环节。计算设备是算力实际承载的主体，其产量与性能直接反映了计算机制造领域的实力与水平。随着数据处理需求的爆炸性增长，高性能、高可靠性的服务器成为支撑各行各业数字化转型的关键基础设施。计算芯片是算力实现的基础与核心，主要聚焦微处理器（如 CPU、GPU 等）和存储器等集成电路，其性能直接决定了计算任务的执行效率与数据处理能力，其产量反映了计算芯片生产供给能力。在全球化竞争日益激烈的今天，计算芯片的研发与生产对于保障国家信息安全、促进算力产业自主可控具有重要意义。计算软件是算力赋能行业的关键，计算软件作为连接硬件与应用的重要桥梁，其发展水平直接关系算力技术能否有效赋能各行各业。计算软件业务收入的增长，反映了软件和信息技术服务业的蓬勃发展态势，体现了算力技术在推动产业升级、优化资源配置等方面的重要作用。加强计算软件的创新与应用，推动软件与硬件的深度融合，是释放算力潜能、促进数字经济发展的关键所在。

为了促进算力产业的快速迭代与升级，产业界需要构建一个完整的产业链生态。这包括加强计算芯片和设备研发制造、计算软件和信息服务支撑、算力平台搭建等各个环节之间的协同与配合，形成良性互动的产业生态体系，促进算力产业的快速迭代与升级。同时，加强国际合作，引进先进技术和经验，也是提升算力产业国际竞争力的重要途径。

（三）算力技术

算力技术是推动算力创新发展的核心引擎。以智能计算、量子计算、光子计算、类脑计算等为代表的先进计算技术，将为算力带来革命性的飞跃。这些技术通过引入全新的计算范式，采用优化算法、提升硬件性能等手段，不断提高计算效率，逐渐降低能耗成本，有望突破传统计算机在速度、效率、能耗等方面的极限，为解决复杂问题、推动科学研究、加速产业升级提供前所未有的能力。

加大研发投入是推动算力技术创新的重要手段。企业、高校和研究机构作为创新主体，需要对它们不断投入资金、人才等资源，以攻克技术难关，推动算力技术取得突破性进展。同时，专利布局也是保护创新成果、增强市场竞争力的重要手段。加强知识产权保护，可以激励更多的创新活动，促进技术成果的转化与应用。

（四）算力环境

算力环境是算力发展的重要保障，其优劣直接影响算力资源的利用效率和稳定性。作为算力环境的基础，网络环境的稳定性和高效性对算力资源的传输和应用至关重要。采用先进的技术与设备，如高速光纤、5G/6G、软件定义网络（SDN）等，可以显著提升数据传输速度和可靠性，降低时延，确保算力资源能够迅速、准确地传递到需求方。同时，加强网络安全防护，防止数据泄露和攻击，也是保障算力环境安全的重要措施。

政策引导和支持在算力环境优化中发挥着关键作用。政府可以通过制定相关政策和规划，引导企业、高校和研究机构加大算力基础设施的投资力度，推动算力技术的创新和发展。同时，政府还可以制定税收优惠、资金补贴等政策措施，降低算力基础设施建设和运营的成本，激发市场活力。这些措施有助于不断提升算力资源的规模和质量，满足日益增长的计算需求。此外，推动算力资源的开放共享，促进算力资源的合理流动和高效利用，避免资源的重复建设和浪费，也是提升算力环境整体水平的重要方向。

（五）算力应用

算力应用作为算力发展的最终目标和检验标准，其广度和深度直接反映了算力技术的实用价值和市场接受度。随着算力技术的不断进步和普及，越来越多的应用场景得到开发，对算力规模、算力能力等需求也不断提升。这种需求反过来又推动了算力技术的不断创新和升级，形成了良性循环。

在消费领域，算力应用的普及正在悄然改变人们的生活方式。从智能家居到虚拟现实，算力技术为消费者带来了前所未有的便捷与智能体验。智能家居系统通过集成各类传感器和智能设备，实现了对家居环境的智能化控制和管理，提高了生活的舒适性和便利性。虚拟现实技术则通过构建逼真的虚拟环境，让用户身临其境地体验各种场景和活动，极大地丰富了人们的娱乐和学习方式。这些算力应用不仅提升了消费者的生活质量，也推动了相关产业的快速发展。

在行业领域，算力应用更是成为推动产业升级和转型的关键力量。大数据分析、人工智能等先进技术的应用，使企业能够更精准地把握市场趋势、优化生产流程、提升产品质量和服务水平。例如，在制造业中，通过引入智能制造系统，企业可以实现生产过程的自动化、智能化和柔性化，提高生产效率和灵活性；在服务业中，利用人工智能技术提供个性化服务，可以显著提升客户满意度和忠诚度。这些算力应用不仅增强了企业的竞争力，也促进了整个行业的转型升级。

基于算力发展的理论框架，本书将开展对我国和全球算力发展的研究，客观评估我国整体、部分省份及部分城市现阶段的算力发展水平，并展现部分城市在算力领域取得的卓越成就，希望为各地推进算力产业、基础设施建设及算力应用发展提供参考。

第二章

全球算力演变的浪潮

一、算力形态的多元化：从单一到多元的演变

计算技术的演进是一个持续不断并深刻影响人类生活和科学进步的过程。从最初的简单机械计算到现代的高速电子计算，再到未来可能广泛普及的并行计算和智能计算，每一次技术飞跃都带来了前所未有的变革。

（一）通用计算的诞生和发展

真正意义上的通用计算诞生在第二次世界大战后期至20世纪50年代。在这一时期，密码破译和弹道计算的需求，催生了奠定现代计算发展基本路线的3个重大发明：**冯·诺依曼架构、信息论、晶体管**。

1. 冯·诺依曼架构

冯·诺依曼架构是计算机科学领域的一项重要理论，它由数学家和计算机科学家冯·诺依曼于20世纪40年代提出。这一架构确立了现代计算机的基本设计原则，对计算机的硬件和软件结构都有深远影响。冯·诺依曼架构具备以下四大核心特征。

一是存储程序概念的提出。冯·诺依曼架构的一个重要创新是将程序存放在计算机的内存中。这意味着计算机可以像处理数据一样处理指令，降低了以往需要直接在硬件上设置电路来执行任务的复杂程度。

二是统一存储器的设计。在冯·诺依曼架构中，数据和指令存储在一起，这种统一存储器的设计使计算机可以方便地读取和执行存储的程序。

三是五大基本组件的构成。冯·诺依曼架构通常被描述为由以下5个基本组件构成。①运算器（ALU），用于完成各种算术运算、逻辑运算和数据传送等数据加工处理。②控制器（CU），负责执行指令和处理数据，CPU主要由运算器和控制器组成。③存储器，用于存储程序和数据。④输入设备，用于输入数据和指令，如键盘、鼠标等。⑤输出设备，用于输出结果，如显示器、打印机等。

四是按顺序执行。冯·诺依曼架构假设指令按顺序执行，计算机依次从内存中获取指令，执行后再获取下一条指令。冯·诺依曼架构为现代计算机的设计提供了基础，包括现代个人计算机和服务器等绝大多数计算机系统都基于这一架构设计。这一架构允许程序存储于内存中，使开发高级编程语言和操作系统成为可能，推动了软件工程的发展。冯·诺依曼架构的提出标志着现代计算机设计的转折，它的基本思想和结构至今仍在影响计算机科学和技术的发展。目前，尽管随着技术进步出现了许多非冯·诺依曼体系的前沿计算架构，但冯·诺依曼架构依然是理解计算机工作原理的重要模型。

2. 信息论的创立

信息论是研究信息的量化、传输和处理的数学理论，奠定了现代通信系统和数据处理技术的理论基础。其主要奠基人是克劳德·香农（Claude Shannon），他在1948年发表了论文《通信的数学理论》（"A

Mathematical Theory of Communication"），该论文标志着信息论的正式提出。信息论对计算技术的影响深远且广泛，特别是在数据处理、传输和存储方面。首先，信息论引入了信息的基本单位"比特（Bit）"，这发展和完善了基于二进制的信息传输理论，其次，信息论提出了数据压缩的基础理论，推动了无损压缩算法（如 Huffman 编码）和有损压缩算法（如 JPEG 压缩算法）的发展，有效减少了数据存储的比特需求，提升了信道宽带利用率。再次，利用信息论中的信道容量概念，帮助设计和优化通信网络，通过最大化信息传输效率，提高系统的抗干扰能力。最后，信息论在机器学习中得到了应用，特征选择和模型评估（如通过信息增益和交叉熵）使模型训练更加高效和准确。它还在计算复杂性研究和算法设计中发挥作用，帮助分析算法效率，推动隐私保护机制的开发。信息论还促进了人工智能中模型的可解释性研究，使用户能够更好地理解模型决策过程中的信息传递路径。

3. 晶体管的发明

晶体管的诞生是计算机科学和电子技术发展的关键里程碑。1947年，由约翰·巴丁、沃尔特·布拉顿和威廉·肖克利共同发明的晶体管，取代了体积庞大且能耗高的电子管，开启了电子设备的小型化和高效化的新时代。首先，晶体管的引入使计算机的体积大幅减小。晶体管体积小、重量轻、耗电少，使计算机可以被设计为更紧凑的系统，推动了个人计算机乃至移动设备的兴起。其次，晶体管的高可靠性和长寿命提升了计算机的稳定性与耐用性。与电子管相比，晶体管的故障率更低，更能适应复杂的操作环境，使计算设备的使用成本降低。最重要的是，晶体管成为集成电路和微处理器的基础，成就了现代计算机时代。高度集成的电路不仅提升了计算能力，还使计算机的应用范围大幅扩展，从早期的科学计算设备到后来的个人计算机、智能移动终端，晶体管的影响深远。

集成电路应用于计算技术标志着现代通用算力的诞生。1958—1959年，德州仪器的杰克·基尔比与仙童半导体的罗伯特·诺伊斯在数月之间分别发明了集成电路，开启了世界微电子学的历史。这是电子技术领域的一次革命性突破，它使得大量的电子元器件件能够被集成在一块微小的硅片上。1966年，美国RCA研制出CMOS集成电路，并研制出第一块50门的CMOS门阵列电路，这为大规模集成电路的发展奠定了坚实基础。1971年，英特尔推出1KB动态随机存储器（DRAM），这标志着大规模集成电路（LSI）的出现。同年，英特尔还推出了全球第一款微处理器4004，采用的是MOS工艺。1978年，64KB DRAM诞生，它在不足$0.5cm^2$的硅片上集成了14万个晶体管，这标志着超大规模集成电路（VLSI）时代的来临。此后，集成电路的集成度不断提高，功能也日益强大。1979年，英特尔推出5MHz 8088微处理器，之后，IBM基于5MHz 8088微处理器推出全球第一台个人计算机。随后，微处理器的性能不断提升，从80486、奔腾系列、K8系列到酷睿系列，每一次升级都代表着计算性能的显著提升。1984年，日本宣布推出1MB DRAM和256KB SRAM（静态随机存储器）。1988年，16MB DRAM问世，$1cm^2$大小的硅片上集成了3500万个晶体管，标志着个人计算机进入超大规模集成电路阶段。此后，存储容量不断攀升，从64MB、1GB扩展到更高的容量。至此，通用计算从 CPU 到存储均已具备完整的形态，并奠定了其后数十年通用计算的发展路线。

通用计算的载体通常是我们常用的个人计算机、服务器等，其核心芯片一般是指 CPU。**由于其有着强大的计算性能和良好的通用性，通用计算依然处于快速发展阶段**。在全球数据中心快速发展的推动下，基础算力规模持续增长，其中，云计算、边缘计算等场景依然是通用计算的主要应用场景。根据国际数据公司（IDC）数据，2022 年全球云计算 IaaS 市场规模增长至 1155 亿美元，同比上涨 26.2%。**整机方面**，根据 IDC 数据，2022 年全球服务器市场出货量和销售额分别为 1516 万台和 1215.8 亿美元，同比分别增长 12% 和 22.5%。**芯片方面**，服务器芯片市场仍被 x86 架构所主导，但出现了松动，基于 ARM 架构的芯片市场份额已达 8%。英特尔在服务器 CPU 领域的主导地位正被逐渐削弱，AMD 的市场份额则持续提升。根据 Counterpoint 数据，英特尔、AMD 服务器 CPU 的市场份额分别为 71%、20%。英伟达（NVIDIA）、亚马逊、华为、阿里巴巴等国内外企业巨头推出的基于 ARM 架构的自研 CPU 得到更大规模应用，预计未来 ARM 服务器的市场份额将进一步提升，成为通用计算的重要补充力量。

（二）智能计算的诞生和发展

智能计算的诞生有两个重要契机，一是并行计算的发展，二是机器学习技术的诞生。**随着计算任务的日益复杂和计算量的急剧增加，传统的串行计算方式已经难以满足需求**。于是，并行计算技术应运而生。并行计算是指同时使用多种计算资源解决同一个计算问题，它可以显著提高计算速度，缩短计算时间。在并行计算中，计算机系统被划分为多个处理器或处理单元，它们可以同时执行不同的计算任务，或者共同处理同一个计算任务的不同部分。通过并行计算，人们可以在更短的时间内完成更大规模的计算任务，为科学研究、工程设计等领域的研究提供强大的计算支持。并行计算的产生和发展离不开硬件技术的支持。随着处理器设计、制造工艺和封装技术的不断进步，多核处理器、众核处理器、GPU、FPGA、ASIC等支持并行计算的芯片出现，为并行计算提供了强有力的物理基础。这些硬件设备能够同时处理多个计算任务，实现计算资源的充分利用和计算效率的大幅提升。软件技术的发展也是推动并行计算产生的重要因素之一。随着并行编程模型、并行算法和并行软件开发工具的不断完善，程序员能够更加容易地编写和调试并行程序，使并行计算在实际应用中变得更加可行和高效。同时，软件技术的发展也为并行计算提供了更加丰富的应用场景和更加广阔的市场空间。

与此同时，一类模仿大脑神经网络运行模式的算法诞生并不断演化。这类算法早期被称为机器学习，后来经历演进，产生了SNN（脉冲神经网络）、CNN（卷积神经网络）等一系列关键算法。随着计算芯片算力的快速增长，在经历AlphaGo战胜李世石、ChatGPT的崛起等标志性事件后，机器学习也从解决特定问题变为几乎无所不在的人工智能，其底层最关键的支撑就是智能计算技术。与通用计算和并行计算不同，智能计算更加注重计算机的智能性和自主学习能力。智能计算技术包括机器学习、深度学习等多个领域，它们使计算机能够模拟人类行为，如感知、理解、推理、决策等。通过智能计算技术，计算机可以处理更加复杂、更加不确定的信息和数据，为用户提供更加精准、更加高效的决策支持和服务。

以 GPU 芯片为核心的智能算力发展并不是一蹴而就的，经历了螺旋式的演进过程。原理上，在人工智能领域，尤其是在深度学习和机器学习任务中，大量的矩阵运算和向量运算需要被处理，GPU 的并行计算能力能够显著提高这些任务的计算速度。GPU 的起源可以追溯到早期的图形显示控制器，如 IBM 在 1981 年发布的 IBM 5150 个人计算机中的单色显示适配器（MDA）和彩色图形适配器（CGA）。在今天看来这些设备虽然简单，但为后续的图形处理器发展奠定了基础。1999 年，英伟达在发布其标志性产品 GeForce 256 时，首次提出了 GPU 的概念。这款 GPU 整合了硬件转换与光照（T&L）、立方环境材质贴图和顶点混合等特性，极大减轻了 CPU 的负担，标志着 GPU 时代的正式到来。早期的 GPU 主要用于 2D 和 3D 图形的渲染加速，它们通过专门的硬件加速单元提高图形的处理速度和质量。这些加速单元包括用于处理顶点数据的顶点处理器、用于处理像素数据的像素处理器等。GPU 在深度学习模型中的应用始于 2010 年，2012 年 AlexNet（一种深度卷积神经网络架构）的横空出世将这种趋势推向高潮。AlexNet 在 2012 年的 ILSVRC[1] 上一鸣惊人，它不仅证实了深度卷积神经网络在图像分类领域的卓越性能，还彰显了使用 GPU 训练大模型的有效性。在这之后，GPU 在智能算力领域的核心地位被正式确立。随着近几年 AI 大模型的崛起，智

1　ImageNet大规模视觉识别挑战赛。

能算力需求快速超过视频渲染的需求，英伟达等企业在 GPU 架构上针对 AI 训练推理需求进行了多次创新，如推出 CUDA 架构等，使 GPU 更加适用于高性能计算、人工智能等领域。

除 GPU 以外，FPGA、ASIC 等类型的芯片也广泛应用于智能计算。 FPGA 作为一种高度灵活且可编程的硬件平台，凭借其卓越的计算性能和出色的可定制性，能够显著加速并优化 AI 算法的执行。在 2018 年左右，赛灵思（Xilinx，现已被 AMD 收购）已经洞察到了 FPGA 在算力市场的巨大价值，提出了"数据中心优先"的战略，随后发布了自适应计算加速平台 Versal。这一产品形态已经脱离了传统的 FPGA 范畴，通过内部的可编程引擎，它引入多个以自适应数据流方式组织的 AI 核（Core），作为承载 AI 等数据密集型运算的主体。Versal 整合了标量处理引擎、自适应硬件引擎和智能引擎以及前沿的存储器和接口技术，从而在异构加速性能方面得以提升。英特尔 FPGA 的 AI 技术路线相对保守，主要是将嵌入 FPGA 内部的数字信号处理器（DSP）模块直接升级为 AI 张量模块。英特尔第一款采用张量模块的 FPGA 是在 2020 年推出的 Stratix 10 NX，其张量模块架构主要针对 AI 计算中常用的矩阵－矩阵或矢量－矩阵乘法和加法运算进行了优化，当时可支持 INT8 和 INT4 数据计算，并通过共享指数支持 FP16 和 FP12 浮点数的数字格式。Xilinx 和英特尔这两种技术路线也是 FPGA AI 化的主要技术路径，特别是 Xilinx 这种高度可配置、可扩展的架构设计，成为 FPGA 当前进行异构融合设计的主流方式。

ASIC 芯片在智能计算领域的应用始于"挖矿"，近几年已成为智能算力的重要组成部分。ASIC 芯片在设计和制造上高度定制化，能够针对特定的计算任务进行优化，从而提供卓越的性能和能效比。这种特性使得 ASIC 芯片在智能计算领域具有巨大的潜力。随着人工智能技术的快速发展，各领域对高效、低功耗的计算平台的需求日益增长，ASIC 芯片逐渐进入智能计算领域。2013 年，我国的计算机硬件制造商嘉楠耘智发布了第一套用于比特币挖掘的 ASIC 芯片。自 2013 年以来，ASIC 技术发展最显著的特点之一就是芯片尺寸的逐步缩小。2013 年，ASIC 芯片的尺寸为 130nm，至 2018 年已缩小到 7nm。现阶段，ASIC 主要在数据处理单元（DPU）和神经网络处理器（NPU）等多种类型芯片中得到广泛应用，DPU 能够处理 CPU 所不擅长的网络协议处理、数据加密解密、数据压缩等数据任务，并且可以对各类资源进行分别管理、扩容、调度。2020 年上半年，英伟达推出 BlueField-2 DPU，并将其定义为继 CPU 和 GPU 之后的"第三颗主力芯片"，DPU 大发展的序幕被正式拉开。

从通用计算到并行计算，再到智能计算，计算技术的演进趋势越来越高效、越来越智能。未来，随着量子计算、光子计算等新型计算技术的不断发展和成熟，计算性能将进一步提升，计算速度将更快，计算规模将更大。同时，随着人工智能技术的不断突破和应用，计算机将更加智能化、自主化，能够处理更加复杂、更加高级的任务和问题。这些变革将深刻影响人类的思维方式和生活方式，推动人类社会向更加智能化、信息化的方向发展。

（三）超级计算的诞生和发展

超级计算机也被称为高性能计算机或巨型计算机，简称"超算"，它是指一系列具有超强功能的计算机，专门为科学计算、工程应用和商业应用等需要以超快速度运算大量数据的项目而设计。其定义并不涉及算力类型本身，而是一种性能概念，其发展历程伴随着 CPU 等通用计算芯片的发展。近几年，随着各领域对 AI 算力需求的高速增长，传统超算纷纷加入 GPU 等协处理器技术，与智能计算机的界限越来越模糊。早在 1961 年，IBM 就推出了 IBM 7030 Stretch，其运算速度显著超出顶尖商用机的数量级，被视为早期的超级计算机。1964 年，被誉为"超级计算机之父"的科学家西蒙·克雷成功研制出巨型计算机 CDC 6600，其运算速度是 IBM 7030 Stretch 的 3 倍，成为当时运算速度最快的计算机。20 世纪 80 年代初，并行处理机开始大量地进入市场。1982 年，克雷公司推出了 Cray X-MP/2，这是世界上第一台并行向量计算机，其运算速度突破每秒 10 亿次浮点运算。

20 世纪 90 年代以来，超级计算机竞争加剧。自 20 世纪 80 年代末起，日本用近 10 年的时间在超级计算机领域实现赶超。1990 年，日本富士通研制的 VP2000 型超级计算机登顶世界超级计算机排行榜。随后，美国通过开发对称式多处理器、分布式共享内存等新技术，推出"美洲豹"超级计算机等机型，重新夺回超级计算机的领先地位。2022 年，美国橡树岭国家实验室（ORNL）的新型超级计算机 Frontier 在 LINPACK 基准测试中达到了 1.102 EFLOPS 运算速度的峰值实测性能，超越日本的

Fugaku，成为全球首个公开确认的每秒百亿亿次浮点运算的超级计算机，标志着全球超级计算机正式进入 E 级计算时代。我国于 1983 年研制出首台超级计算机"银河"，1992 年研制出"银河 –II"。进入 21 世纪后，我国超级计算机发展迅速，于 2010 年推出"天河一号"并首次登顶世界超级计算机排行榜。此后，"天河二号""神威·太湖之光"等超级计算机也相继领跑超级计算机排行榜。随着技术的不断发展，超级计算机的运算速度、存储容量和通信带宽等性能也在不断提升。同时，超级计算机的应用领域也不断拓展，从气象监测、地震预警、石油勘探、疾病诊断到太空探测等领域都有它的身影。

二、创新的加速度：算力技术的前沿突破

前沿非经典计算技术包括量子计算、光计算、类脑计算等关键技术，我们要加快相关器件、软件算法等基础技术研发，并探索前沿计算与经典计算间的融合创新研究，加快"杀手级"应用落地。

（一）量子计算

在量子计算领域，超导、离子阱技术路线持续领跑，成熟度较高，有望在 3 ~ 5 年实现数千量级量子比特的突破。在超导方面，2023 年 5 月，433 量子比特"Osprey"芯片上线 IBM 量子计算云平台；2023 年 12 月，IBM 发布 1121 量子比特处理器，并实现 3 颗 133 量子比特芯片的组合；2023 年 5 月，中国科学技术大学研制的 176 比特"祖冲之号"量子计算云平台正式上线。IBM 计划到 2025 年推出超过 4000 量子比特的系

统；谷歌计划到 2029 年实现 100 万量子比特纠错量子计算机。在离子阱方面，2023 年 5 月，Quantinuum 在 H2 系统中实现 32 量子比特全连接，单双比特逻辑门保真度达 99.997%、99.8%。中国科学技术大学构建 255 个光子的量子计算原型机"九章三号"，用于解决两个图论问题，展示了量子计算的优势。我国预计到 2025 年实现纠错量子计算机，到 2030 年实现 300 位逻辑光量子比特计算机。在硅基半导体方面，2023 年 6 月，英特尔发布具有 12 位硅基量子点的量子计算芯片 Tunnel Falls，预计到 2028 年实现基于超过 100 量子比特纠错量子处理器的可编程设备。

通用量子计算和专用量子计算路线分离，部分企业不再以实现通用量子计算为最终目标。基于经典超导、离子阱等相干量子比特门电路实现通用量子计算的道路漫长而波折，目前成果主要集中在大型科技企业及其投资的初创企业的实验室里，距离实现通用量子计算、在部分算法中实现理论上的指数级计算速度提升仍有很长的路要走。基于量子退火、相干伊辛机等的非通用量子计算尽管无法实现计算速度的指数级提升，但在部分应用场景中也可以实现平方级计算速度的提升，且应用落地更快，这成为包括 D-Wave、玻色量子等多家企业的选择路线。2023 年 5 月，玻色量子发布基于相干伊辛机的 100 量子比特相干光量子计算机—"天工量子大脑"，其平均求解结果远优于利用经典算法的求解结果。

量子模拟和量子优化加速未来将诞生"杀手级"应用。目前，量子优化加速在金融领域已取得商业化应用。2022 年 5 月，拉丁美洲最大的银行 Itaú Unibanco 和量子计算企业 QC Ware 合作，将整个计算模型的精度从 71% 提高到 77.5%。2023 年 2 月，平安银行与本源量子开展合作，探索量子计算在反欺诈、反洗钱等金融风控领域的场景应用。目前，**"量子 + 经典"算力设施成为重要应用路径**。2023 年 1 月，国内首个量子人工智能计算中心——太湖量子智算中心揭牌。太湖量子智算中心的总体技术架构主要包括基建设施、"量子 + 经典"混合基础硬件、量子智算软件框架、量子 AI 开发平台等，具备从底层芯片、软件算法到顶层应用的全栈能力。

（二）光计算

光互连成为光电混合计算研究新热点。一方面，光互连技术可以解决高速互连问题；另一方面，光互连技术应用落地具有可行性。光互连协同光计算构建光电混合计算新范式，光互连使光计算模块可以和电芯片有效协同，在单节点内提高算力；同时，跨机柜光网络能够支持高效的资源池化，使大型分布式计算系统变得前所未有的高效、灵活和节能。超大规模光电混合集成是实现大容量、大带宽计算功能的底层技术。"光电混合晶圆级计算平台"的解决方案可通过晶圆级光互连，实现高灵活性互连拓扑、低时延及低能耗。同时，为了打破"内存墙"，可在远端设立资源池，并通过高效率的光互连，将资源池直接接入光电混合晶圆级计算平台内部的光网络，最终实现所有计算资源的最优配置。

光互连计算芯片向光电合封方向发展。通过光电合封，光互连叠加芯粒技术可进一步提升芯片性能。2.5D 光电合封是将小规模光引擎与计算芯片水平封装在基板上；3D 光电合封则是采用硅通孔（TSV）技术，将大规模光引擎与计算芯片垂直堆叠封装于基板上。有消息称，台积电携手博通、英伟达等企业要共同开发硅光子技术、共封装光学（CPO）元件等，制程技术从 45nm 升级到 7nm，最快 2025 年下半年开始迎来大单，有望进入量产阶段。

当前光计算企业的研发进度呈现两极分化，部分企业持续推进研发，另一部分企业却陷入停摆。 全球有近 10 家较为典型的初创企业已经形成以光计算为核心的主营业务，其主打产品为基于光芯片的光计算加速器，并配套开展软件、系统、原型机的研制与开发。Lightmatter、Optalysys、光子算数等企业积极推出光计算新产品，为传统电计算提供光学协处理加速。Lightmatter 的 AI 推理加速芯片 Envise 已开始应用于人工智能背景下的推理过程。另外，光计算业务停滞企业，如 Fathom Computing 则暂无商用消息。

（三）类脑计算

类脑计算技术向单神经元性能提升、多神经元规模扩张演进，加强对大脑运行机制的研究是类脑计算的重要发展路径。 随着单芯片神经元规模与算力的提升、能效的提高，以及多芯片互联规模的扩大，整个系统规模已接近小型哺乳动物大脑的水平。人工神经网络（ANN）与脉冲神经网络（SNN）共存、多模式硬件的应用是类脑计算的主要发展趋势。

类脑计算与 AI 结合开展应用将经历"三步走"。第一阶段是探索阶段，主要是进行脑仿真，以高数量、高并行化的芯片来模拟生物脑的行为，目的在于通过神经建模与信号模拟研究生物脑机理。第二阶段是脑仿真与脉冲类脑计算应用阶段，可从设计阶段就考虑基于 SNN 的实际运行和应用的需求。第三阶段出现支持 SNN+ANN 融合的计算加速芯片，芯片设计的指导思想已经从模拟脑神经活动转向实际的应用，在这一基础上，类脑芯片可以初步开展商业化应用。2023 年 10 月，中科南京智能技术研究院发布"问天 I"类脑计算机，该计算机能模拟大脑神经网络运行，是国内目前规模最大的类脑计算机，已实现 5 亿神经元、2500 亿突触智能规模。

我国正加快类脑计算的研究和布局。截至到 2023 年年底，全球共有 145 个国家（地区）开展了类脑计算的研究，而我国在类脑计算研究论文产出方面位居全球首位，美国、伊朗分别排名第二和第三。我国在忆阻器路线和类脑芯片路线上均取得进展。在忆阻器路线上，2022 年，国防科技大学与复旦大学联合研制出与 CMOS 兼容的氧化铪基反铁电神经元；2022 年，北京大学实现了基于忆阻器的神经形态生理信号检测系统。在类脑芯片路线上，2023 年，清华大学提出视觉芯片 CV-CIM，该芯片作为国际首款针对图像匹配的存算一体芯片，在 28nm 工艺上已经成功实现流片；2023 年，清华大学研发出国内首款具备片上学习能力的异步类脑芯片 ANP-I，该芯片每个样本的学习能耗低于 100nJ。2023 年 6 月，蚂蚁技术研究院和复旦大学脑科学研究院联合攻坚的类脑研究项目"基于图计算的脑仿真架构"正式启动。

（四）碳基芯片

碳基芯片凭借其在能耗、密度等方面的优良特性，成为新型材料芯片的重点研究领域。前文提到，虽然当前集成电路发展仍然遵循摩尔定律，但是随着制程突破到 3nm 以下，硅基芯片在发热等方面固有的缺陷将严重限制计算技术的进一步发展。在这种背景下，结构性质和硅接近且在地球上含量丰富的碳元素引起了关注。尽管这两种元素的性质有相近之处，但碳基芯片与传统的硅基芯片相比，在诸多方面具有更符合计算产业发展需要的特性。例如，碳基材料的电子传输速度比硅基材料更快，因此碳基芯片具备更快的理论运算速度；碳基材料具有低能耗、高效率、电子传输损耗小的特性，碳基芯片在节能方面优势显著；碳基材料是可再生的、易回收的材料，碳基芯片具有更好的环境友好性；碳基材料的柔性更好，能弯曲、折叠、扭曲、压缩、拉伸，为碳基芯片的设计带来很大便利；碳基芯片密度更高，可以存储更多的信息，具备更高的储存容量；碳基芯片具有更好的耐用性和长期稳定性，可以避免长期使用对性能的影响。目前，碳基芯片还处于研发阶段，需要在工艺、材料和封装等多个方面作出改进和突破。未来，碳基芯片的研发可以通过借助许多硅基芯片发展的经验，把重点集中于碳基材料的制备、碳基晶体管制备的特殊要求和工艺、碳基芯片与柔性和透明基底的兼容性及超高频率特性所带来的新的应用场景、设计三维单片集成芯片所需的计算机辅助工具等。

（五）DNA 存储

DNA 存储在存储密度和稳定性方面具备显著优势，在理论上妥善解决了现有存储技术的问题，成为未来新型存储技术的关键研究领域。 随着互联网及相关技术的不断发展，人类社会的信息量呈现指数级增长，IDC 预测，到 2025 年，全球数据量将达到 163ZB，现有固态硬盘的信息数据存储方式难以为继，且其储存介质随时间降解的特性严重限制了数据寿命。在这种情况下，生物 DNA 所具备的高稳定性、高容量、高密度等优势引发了业界关注，并衍生出了交叉融合的 DNA 存储技术，通过编码算法将目前计算机中的二进制数据，转换为 A、T、C、G 这 4 种碱基组成的 DNA 序列，进而通过合成含有指定碱基序列的 DNA，实现数据信息的存储。据计算，1 克 DNA 可存储高达数亿 TB 的数据，这远超现在任何电子存储介质的容量密度；在稳定性方面，DNA 分子极其稳定，半衰期超过 500 年，低温下可保存成千上万年。现阶段，DNA 存储技术在编解码、写入、保存、读取等方面仍然存在诸多不足，未来发展方向主要包括高效率和高质量的直接编码、低成本高通量的信息写入、稳定高兼容性的信息存储、实时永久稳定的信息读取等。

总体而言，非冯·诺依曼架构的研究已取得一定进展，但仍需要长期全面推进。非冯·诺依曼架构将与冯·诺依曼架构存在巨大差异。现阶段，各个非冯·诺依曼计算体系在基础理论、物理实现、核心硬件、算法软件等诸多环节均未形成统一定论。目前，虽然中国、美国、英国、德国、日本等科技强国和谷歌、微软、英特尔等科技巨头企业在这一领域持续加大布局并积极开展探索研究，取得了一定的突破，但在量子计算、光计算、碳基芯片、DNA 存储等相关基础原理的验证、技术的研究到产业界的应用，都将经过一个漫长而曲折的历程。在短期内，现有技术和体系路线的升级仍然是主导，中期的发展线路以新旧技术的兼容融合为主，只有历经长期的试验和演进，才能真正完成对一项新技术的探索。

三、数字经济的算力引擎：价值创造的新模式

算力对数字经济的发展有显著的带动作用。一方面，算力正加速电子信息制造业、软件和信息技术服务业、互联网行业、通信行业等信息技术产业的创新发展；另一方面，算力助推制造、交通、零售等传统产业数字化转型升级，带来产业产值增长、生产效率提升、商业模式创新、用户体验优化等延伸性效益。

（一）算力驱动数字产业化发展进程

当前，算力已成为数字经济核心产业的重要支撑底座，算力供给体系和算力基础设施的建设带动上下游产业链迅速发展。集成电路方面，世界半导体贸易统计组织（WSTS）统计，2022 年全球计算相关集成电路销售额为 1766 亿美元，同比增长 14%。服务器方面，2022 年数据中心基础设施投资额稳定上涨，全球服务器市场销售额达 1215.8 亿美元，同

比增长 22.5%，单台服务器价值上升 9%。云计算方面，在算力上云、企业上云以及行业数字化转型的带动下，云原生技术加速发展，并与人工智能技术深度融合带动更广领域的应用前景。据 Gartner 统计，2022 年全球云计算市场规模达 4910 亿美元，同比增长 19%，近两年平均增速 24%，持续保持高速增长态势。

电子信息制造业、通信行业、软件和信息技术服务业、互联网行业等数字核心产业的发展与算力息息相关。互联网行业是算力投资最大的行业，亚马逊、微软和谷歌等企业通常每个季度投入的资本支出总额超过 250 亿美元，其中大部分用于布局超大规模数据中心。算力作为先进生产力的代表，它不仅驱动互联网技术加速向支付、电商、服务、内容等领域渗透，更通过重构产业链与价值链，进一步推动数字应用从消费互联网深化至产业互联网领域。

（二）算力助推产业数字化转型升级

算力的持续投入和算法模型、软件应用的快速演进为产业的数字化转型提供了强劲动力。算力这一新质生产力，直接改变生产方式本身，并加速向政务、工业、交通、医疗等各行业、各领域渗透。

算力为实现生产效率提升、服务能力优化、商业模式创新奠定了坚实基础。其中，在数字化转型过程中，制造业是对算力依赖程度较高、生产效率提升较为显著的领域，以云计算、边缘计算、智能计算为代表的算力投入有利于打造高度协同的智能制造生态体系。国际制造业巨头西门子在 2021 年成功打造了首个数字工厂。通过在规划、分析、模拟、测试、验证等流程中运用数字孪生技术，在强大算力的支持下，数字工厂实现补料速度提高 50%、空间效率提高 40%、批量生产灵活性提高 30%、生产力提高 20% 的综合提升。

由算力投入带来的数字化智能技术不仅为制造、交通、零售等多个行业带来产值增长，还带来了生产效率提升、商业模式创新、用户体验优化等延伸性效益，对经济增长的拉动作用愈加凸显。随着算力的提升，"车路协同""车网互联"的智能网联汽车正加快发展，"安全、畅通、低碳、高效"的交通网络正在加速构建。算力对生产方式的改变已走进办公领域。例如，微软率先发布 Microsoft 365 Copilot，作为一款基于 GPT-4 和 Microsoft Graph 的 AI 办公助手，能够实现工作流程自动化，为用户提供了一种全新工作方式，提升办公效率，释放生产力。

（三）全球各国（地区）算力规模与经济发展水平呈现正相关

工业时代，电力用量是评估 GDP 增长量的重要指标。在数字经济时代，算力是 ICT 产业发展的关键要素，在推动科技进步、促进行业数字化转型以及支撑经济社会发展方面发挥着重要的作用。算力已成为继热力、电力之后新的生产力，能有效带动 GDP 增长。尽管全球 GDP 增长普遍放缓，但数字经济依然保持强劲增长势头。全球部分国家算力规模与 GDP 关系如图 2-1 所示。

算力规模已成为反映一个地区经济社会发展水平的晴雨表。在

47

算力等要素的助推下，数字经济较传统经济增速更快。2023 年全球名义 GDP 按可比价格计算同比增长 2.7%，增速进一步放缓，但主要国家数字经济规模同比增速达 8%，增速上升 0.4 个百分点，比 GDP 增速高 5.3 个百分点。全球各国算力规模与经济发展水平密切相关，经济发展水平越高，算力规模越大的规律依然成立。2023 年，算力规模前 20 的国家中有 17 个是全球排名前 20 的经济体，并且前 4 名排名不变，美国和中国依然分列前两位，保持领跑者位置。与 2022 年相比，瑞士、瑞典等国算力排名有所提升。瑞士启用超级计算机"Alps"，该计算机于 2023 年 9 月正式上线并向全球开放，算力达到 270 PFLOPS。

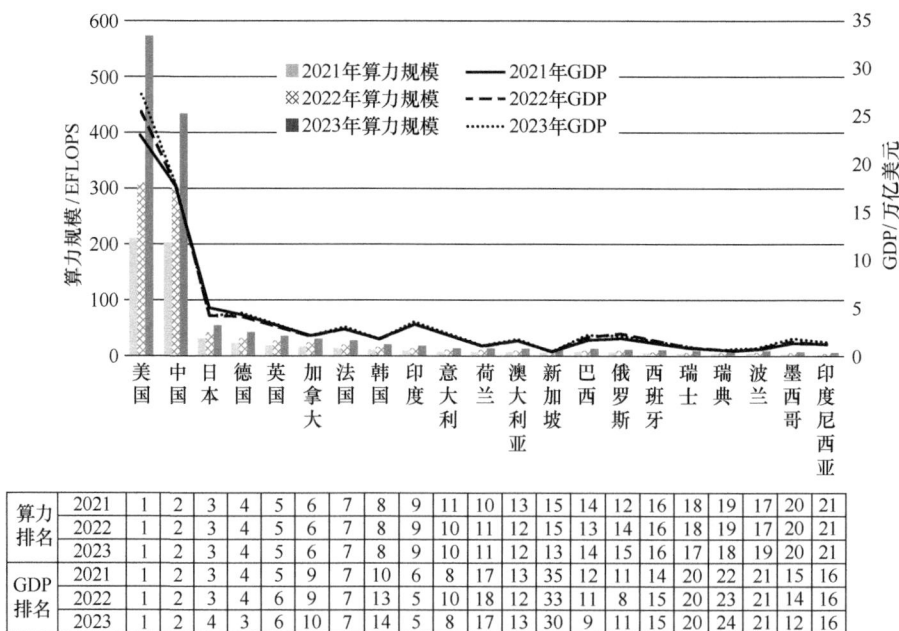

算力 排名		美国	中国	日本	德国	英国	加拿大	法国	韩国	印度	意大利	荷兰	澳大利亚	新加坡	巴西	俄罗斯	西班牙	瑞士	瑞典	波兰	墨西哥	印度尼西亚
算力 排名	2021	1	2	3	4	5	6	7	8	9	11	10	13	15	14	12	16	18	19	17	20	21
	2022	1	2	3	4	5	6	7	8	9	10	11	12	15	13	14	16	18	19	17	20	21
	2023	1	2	3	4	5	6	7	8	9	11	10	14	15	14	16	18	19	20	21		
GDP 排名	2021	1	2	3	4	5	7	10	6	8	17	13	35	12	11	14	20	22	21	15	16	
	2022	1	2	3	4	6	9	7	13	5	10	18	12	33	11	8	15	20	23	21	14	16
	2023	1	2	4	3	6	10	7	14	5	8	17	13	30	9	11	15	20	24	21	12	16

图 2-1　全球部分国家算力规模与 GDP 关系

（数据来源：中国信息通信研究院、IDC、Gartner、世界银行）

四、算力竞赛：国际舞台上的战略博弈

全球主要国家、地区及国际组织都将算力视为争夺未来发展主导权的关键要素，高度重视算力和计算技术的发展，加快战略布局进程，通过实施国家和地区层面的投资政策和激励措施，不断加大对算力的投入力度，持续巩固和提升在半导体及计算技术产业领域的全球地位。随着全球算力竞争的加剧，全球化也面临着新的挑战。

在算力规模方面，据测算，2023 年，美国、中国、欧洲、日本在全球算力总规模中的占比分别为 41%、31%、15% 和 4%，如图 2-2 所示，美国算力规模快速增长，并拉开与中国的差距，算力规模全球占比超过中国 10 个百分点。基础算力方面，美国和中国作为第一梯队保持领先优势，美国在全球基础算力排名第一，其份额达 36%，中国以 28% 全球占比排名第二；智能算力方面，美国位列全球第一，中国位列第二，按照近 6 年 AI 服务器算力总量估算，美国和中国的智能算力全球占比分别为 43% 和 33%；超算算力方面，美国、中国、日本在超算综合性能指标方面位列全球前三，超算算力份额分别为 54%、20%、8%。在全球化方面，随着疾病、战争等"黑天鹅"事件频出，全球化形势发生重大变化，世界各国（地区）均开始重视本土供应链的稳定与安全，这驱动了全球产业链、供应链格局体系发生重大变革。美西方发达国家均发布相关国家战略和政策，加大对本土产业链、供应链的培育和保护力度，限制关键材料、计算芯片、设计软件、制造设备出口，以维持其在关键原材料、计算芯片设计、半导体制造设备等方面的领先优势，给算力技术创新及

产业生态带来新挑战。

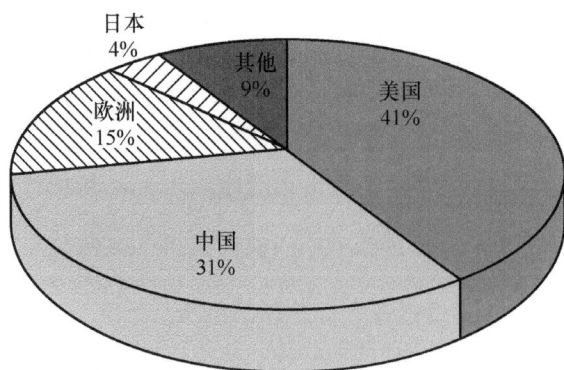

图 2-2 2023 年全球算力规模分布情况
（数据来源：中国信息通信研究院、IDC、Gartner、Top500）

（一）美国

美国持续将先进计算和半导体技术列为关键技术和新兴技术重点关注领域，意在维持其在全球科学、工程、经济和军事方面的领先优势，力图引领算力产业变革与发展，并出台了一系列政策和战略。2020 年 11 月，美国白宫发布了《引领未来先进计算生态系统：战略计划》报告，该报告提出了构建先进计算生态系统的设想，并提出未来的先进计算生态系统将是代表跨越政府、学术界、非营利组织和产业界的国家战略资产，为美国在前沿科学和未来产业方面的领先优势奠定基础。该生态系统将成为神经形态计算、生物启发计算、量子计算、模拟计算、混合计算和概率计算等新兴技术的试验场，各机构可通过协作评估新的技术理念，促进这些理念的发展并最终转化为实践。2022 年 8 月 9 日，美国通过了《芯片和科学法案》。该法案为美国本土芯片产业提供巨额补贴，为美国半导体研发和制造以及劳动力发展提供 527 亿美元的资金支持，并为芯片工厂提供投资税抵免，以鼓励企业在美国研发和制造芯片。

与此同时，美国加强了前沿计算技术的布局。2018 年，《国家量子倡议法案》（NQIA）签署成为法律，旨在加速和推进美国的量子科技发展，并在 5 年内为量子研发提供超过 12 亿美元的资金。2022 年的《芯片和科学法案》基于《国家量子倡议法案》进行了修订，内容包括授权开展量子网络基础设施的研发工作；指导美国国家标准与技术研究院制定量子网络和通信标准；制定一项美国能源部（DOE）计划，促进以研究为目的获取美国量子计算资源的竞争性、择优审查的基础程序；要求美国国家科学基金会支持将量子信息科学纳入各级教育的科学、技术、工程和数学（STEM）课程。

此外，为了巩固美国在先进计算和半导体领域的领先地位，美国还出台了一系列出口管制政策。2022 年 10 月 7 日，美国商务部工业和安全局（BIS）更新了一系列出口管制规定，限制中国获得先进计算芯片及开发和维护超级计算机、制造先进半导体的能力。2023 年 10 月 17 日，BIS 进一步强化出口管制规定，增加了新的性能密度阈值，限制中国获得生产下一代先进集成电路所需的半导体制造设备、下一代先进武器系统所需的先进集成电路以及高端先进计算半导体、开发和生产人工智能技术所需的高端先进计算半导体以及军事应用中使用的人工智能技术所必需的高端先进计算半导体。2024 年 4 月，BIS 进一步更新了对先进计算集成电路、半导体制造设备以及超级计算的出口管制措施。

（二）欧盟

欧盟主要聚焦于推动算力科技创新、量子技术发展以及建立开放和有活力的创新生态系统。在高性能计算方面，2018 年欧盟提出"欧洲高性能计算共同计划"，计划投资 10 亿欧元，实施时间是 2019 年至 2026 年，预期建立一个由世界级高性能计算机和数据基础设施支撑的欧洲高性能计算及大数据系统。2020 年，欧盟对该计划进行"升级"，加大投资至 80 亿欧元，计划持续 13 年，从 2021 年开始，直到 2033 年，发展下一代超级计算技术。量子技术方面，2018 年欧盟推出欧洲量子技术旗舰计划。在量子技术旗舰计划的启动阶段内（2018—2022 年），欧盟支持了量子通信、量子计算、量子模拟、量子传感和测量以及基础量子科学等领域的 24 个项目。欧盟自 2016 年以来为欧洲量子研究提供了超过 1.75 亿欧元的资金，参与量子技术旗舰计划的 1654 名科学家和 236 个组织通过合作，发表了 1313 篇科学论文（包括 223 篇在审论文）。欧盟积极推动量子技术商业化，截止到 2024 年 10 月，欧盟境内已拥有 210 余家量子信息相关企业，拥有专利超过 3000 件。

为了将欧盟打造成为领先的知识型经济体，通过发展前沿科学理论与技术创新提升全球竞争力，欧洲议会和欧盟理事会于 2020 年 12 月 11 日正式批准了"地平线"计划。"地平线"计划作为欧洲有史以来最大规模支持研发和创新的跨国计划，确定了欧洲在 2021—2027 年科技研发与创新的基本政策与框架。该计划明确了欧盟委员会将在 2021—2027 年继续支持欧洲量子技术旗舰计划，提供至少 5 亿欧元的资金。2022 年 7 月，欧盟委员会通过了新的《欧洲创新议程》，旨在促进欧盟向绿色化和数字化转型，加强技术领先地位，并为气候变化和网络威胁等挑战提供创新解决方案。该议程确定了五大旗舰行动，包括改善初创科技企业融资渠道、通过扩大实验空间和简化公共采购支持创新、加强区域创新生态系统建设、培养和吸引科技人才、完善政策制定工具。

此外，欧盟将云计算服务的使用率定为提升国家竞争力的关键绩效指标，确认云计算作为国家科技创新和数字经济时代的重要支撑。2023 年 11 月，欧洲贸易协会组织发布《欧洲 2030：数字强国——提升欧洲科技领导力和复原力的 20 种解决方案》文件。该文件提出一项关键绩效指标，以衡量"建设有竞争力的欧洲"方面取得的进展。该项关键绩效指标即 75% 的欧盟企业应使用云计算、大数据和人工智能。2023 年 12 月，欧盟委员会批准一项 12 亿欧元的国家援助计划——"欧洲共同利益重要计划——下一代云基础设施和服务"，以支持欧洲先进云计算和边缘计算技术的研究、开发和首次工业部署。此外，欧盟还在持续关注云主权。2023 年 5 月，欧洲网络安全认证小组对新的《云服务网络安全认证计划草案》展开审查，要求云服务商必须在境内设立基础设施节点并提供本地化运维，同时确保涉及欧盟主体的客户数据的存储和处理均在欧盟境内完成。依据欧盟法律最高效力原则，欧盟法律效力优先于任何第三国法律，非欧盟实体不得直接或间接、单独或共同对申请云服务认证的云服务施加决定性影响。2023 年 3 月，欧盟网络安全局发布有关 eSIM 和 5G 网络安全挑战的报告，其中提到雾计算和边缘计算已成为 5G 生态系统的关键推动力，它们不仅催生了新的机遇和新的应用场景，同时也带来了复合型安全风险。

（三）德国

德国通过一系列措施重点推动量子计算、轻量技术、清洁能源、人工智能等高技术领域的发展。2023 年 2 月，德国联邦政府通过了《未来研究与创新战略》，更新了德国研究和创新政策的跨部门任务、重点领域和标志性目标，旨在增强德国的创新能力并确保欧洲的技术主权。《未来研究与创新战略》提出 3 个总体目标，即保持、扩大部分领域的技术领先地位；加强技术从研究到应用的转移；提高技术开放程度。《未来研究与创新战略》的重点任务包括打造资源高效、具有循环经济竞争力的产业，发展数字技术，确保德国和欧洲的数字技术主权等内容。2023 年 4 月，德国通过了《量子技术行动计划》，该计划由德国联邦教育与研究部（BMBF）提出，并制定了 2023—2026 年德国量子技术行动战略框架。德国联邦政府承诺，将与科学组织机构一起为该计划提供约 30 亿欧元资助，推进量子技术研发及应用，确保德国在量子技术方面处于全球领先地位。2023 年 11 月，BMBF 发布《人工智能行动计划》，该计划规划了 11 项具体行动领域。当时，BMBF 正在推动 50 项以人工智能研究、技术和基础设施发展为重点的措施，该计划在此基础上新增 20 项举措，并在该届政府任期内投入超过 16 亿欧元，助力德国在国家和欧洲层面的人工智能领域发展。

（四）法国

法国通过实施量子技术国家战略、搭建全国量子计算平台及出台出口管制措施，积极布局量子技术领域，旨在提升其国际竞争力并保障技术安全。法国于 2021 年宣布启动量子技术国家战略，计划 5 年内在量子技术领域投资 18 亿欧元，目标是使法国跻身量子技术领域的"世界前三"。这项战略的资金由国家公共资金、私营部门和欧盟信贷组成，用于量子计算机、量子传感器和量子通信等领域的发展。2022 年，法国政府宣布启动全国量子计算平台。该平台的初始投资额为 7000 万欧元，目标投资总额为 1.7 亿欧元。该平台将由法国国家信息与自动化研究所（INRIA）管理，旨在推动量子技术的应用和发展，并被提供给国际研究机构、初创企业和行业合作伙伴使用。法国政府于 2024 年 2 月宣布对量子计算机、量子技术以及先进技术设备进行出口管制。自 2024 年 3 月 1 日起，从法国向非欧盟国家出口与量子计算机和半导体等先进电子元件相关的技术将需要获得法国双重用途管理局的许可证。此举与欧盟经济安全战略紧密相关，强调了加强关键技术本土发展和保护的重要性。

（五）英国

英国通过发布战略、合作研究与大量投资，积极布局超级计算、量子技术、半导体、人工智能等先进计算领域。2022 年，英国政府发布了《英国国际技术战略》，将量子技术、半导体和人工智能确立为英国发展先进计算的优先重点领域，并支持这些技术的发展。在合作研究方面，英国政府积极推动人工智能和量子计算研究合作。2021年，英国政府与IBM公司宣布了一项为期5年、价值2.1亿英镑的合作研究计划，旨在推进企业利用创新数字技术提高生产力。英国的科学技术设施委员会（STFC）哈特里中心新设立哈特里国家数字创新中心（HNCDI），专注于人工智能、高性能计算和数据分析、量子计算和云技术的研究。英国政府持续加强超级计算能力投资。2023年，英国政府宣布将对人工智能研究资源的投资增至3亿英镑，建造并连接两台新的超级计算机，以使英国超级计算能力提高30倍以上，其中一台名为"Isambard-AI"的超级计算机将提供超过每秒20亿亿次浮点运算的运算能力。此外，英国政府还将聚变能研究作为先进计算的应用。2021年，英国原子能管理局（UKAEA）与STFC合作，启动一个用于聚变研究的超大规模计算卓越中心，利用最新的计算系统和超级计算技术加速聚变能研究。

（六）日本

日本高度重视人工智能、超级计算、量子计算等领域的发展。日本早在2015年发布的《日本再兴战略》中，就明确人工智能是第四次工业革命的核心，计划对人工智能研发进行投资。日本于2022年发布《人工智能战略2022》，提出要确立一体化的AI技术体系，并于2023年在国家层面应用超算进行大模型训练。2024年1月，日本政府接受亚马逊云在其本土投资的150亿美元，旨在推动日本企业对生成式人工智能的应用和提高亚马逊生成式人工智能的客户采用率，促进日本云计算产业的发展。

在量子计算领域，日本于2018年开始投资研究量子模拟器和量子计算机，并于2020年将预算提升至300亿日元。日本政府于2020年发布首个国家量子研发战略《量子技术创新战略》，其到2030年的战略目标包括将日本国内的量子技术用户增至1000万人，将应用量子技术的产值规模扩大至50万亿日元，以及培养量子独角兽企业。2023年6月，日本政府发布《统合创新战略2023》，旨在从战略高度推动尖端技术研发，内容包括开展变革构建可持续发展的强韧社会、官民合作推动相关领域的研发和应用、强化知识基础和人才培养、实现新型创新生态系统等方面。

（七）韩国

韩国以战略为导向，加强先进计算领域的布局。2020年，韩国宣布国家AI发展战略，计划投资2.2万亿韩元开发核心人工智能（AI）技术，目标是到2022年成为世界AI强国。2021年，韩国发布了《国家超高性能计算创新战略》，旨在将韩国打造成为高性能计算强国。该战略提出到2030年的具体目标，包括计算能力排名全球第5位、先导技术增加至24个、创造10个新服务，并指定了10个重点应用高性能计算的战略领域。2023年，韩国发布《国家量子科学技术战略》，致力于开发和利用量子计算机，实现从智能计算、量子计算和超算的全面战略布局。

此外，韩国不断加大云计算投资力度，持续推动本土云服务扩张和智能化发展。2023年9月，韩国公布《第五个科学技术基本计划（2023—2027年）》，并发布《第三个云计算基本计划》，鼓励公共部门优先部署私有云，促进公共部门的数字化创新，加快软件行业的云部署进程，加强云产业竞争力，打造云产业永续发展的生态圈。2024年2月，韩国宣布将投资9150万美元推动本国云计算产业智能化发展。

（八）其他国家和地区

其他国家和地区也在加快算力领域相关布局，将投资和发展算力、人工智能作为长期战略。2024年2月，泰国发布数字路线图，致力于通过聚焦云计算、人工智能、数字劳动力以及网络安全等领域提高其在全球数字经济中的竞争力。其中，云优先政策提倡广泛采用云系统进行数字基础设施改造，以提高政府服务质量。2023年11月，越南通过了新《电信法》，放宽了对"数据中心服务""云计算服务"以及"基于互联网的媒体服务"的监管，对外国企业在越南直接开展数据中心和云计算服务几乎没有施加限制，表明了其积极拥抱云计算的态度。2023年5月，新加坡与谷歌云联合宣布推出人工智能政府云集群，通过云平台加速新加坡公共部门对人工智能技术的采用。2023年4月，沙特阿拉伯宣布在新设立的4个经济特区中单独设立"云计算经济特区"，专项鼓励云计算服务企业入驻，力求打造沙特科技创新新高地。

第三章

我国算力的崛起与影响

3

一、规模与增速：算力基础的不断巩固

（一）算力规模持续壮大，智能算力保持高速增长

从基础设施侧看，数据中心、智能计算中心、超算中心加快部署。随着全国一体化算力网加快建设和"东数西算"工程的推进，我国算力基础设施建设和应用保持快速发展，根据工业和信息化部数据，截止到2024年年底，我国基础设施算力规模达到280 EFLOPS，位居全球前列，算力总规模近5年平均增速近30%。我国数据中心规模稳定提升，《数字中国发展报告(2024年)》中的数据显示，截至2024年年底，我国在用数据中心机架总规模超过900万标准机架，在用数据中心服务器规模超3000万台。我国数据中心电能使用效率（PUE）持续下降，行业内先进绿色数据中心PUE已降低到1.1以下，最低已达到1.04，位于世界先进水平。

智能计算中心持续加快布局。《智算产业发展研究报告(2024年)》显示，截至2024年6月，中国已建和在建智算中心超60个，在推动产业升级与转型、提升科研创新能力、服务社会民生、带动就业与人才培养、推动区域协同发展方面都将发挥关键作用。其中，成都智算中心推动了"空天·灵眸"等多个AI大模型的诞生与发展，成功孵化了280余个AI解决方案，广泛应用于智慧城市、医疗健康、智慧交通等领域，极大地促进了

1　数据来源：国家数据局。

区域人工智能产业的发展。杭州人工智能计算中心成立两年来总算力达 240 PFLOPS，致力于推动人工智能与大模型技术的集聚发展与创新应用，目前已服务企业和组织机构 160 余家，成功孵化 50 多个行业大模型和应用创新案例。

超算异构融合进程不断提速。我国超算进入 CPU+GPU 异构融合计算的发展阶段，2024 年我国 HPC Top100 榜单前十名中除部分较早基于国产 CPU 的超算中心和北京超级云计算中心以外，均采用 CPU+GPU 异构众核处理器，其中既有基于国产处理器的"神威聚龙"超级计算机，也有多家面向实际应用需求的、部署在网络公司、提供商业化算力服务的超级计算机。智能计算等应用对于异构计算的需求爆发式增长，超级计算机的功能和使命也在发生新的变化，应用从过去主要集中于科学计算、政府、能源、电力、气象等传统大型计算领域转向网络服务、大模型训练推理、短视频、云游戏等，超算与智算呈现新的融合发展态势。

从设备供给侧看，我国算力规模稳定增长。我国算力规模及增速如图 3-1 所示。经中国信息通信研究院测算，2024 年我国计算设备算力总规模达到 435 EFLOPS，全球占比约为 28%，同比增速达 42%。我国算力内部结构如图 3-2 所示。基础算力规模增速放缓，2024 年基础算力规模[1] 为 162 EFLOPS，增速为 15%，增速同比放缓 2 个百分点，在我国算力规模占比为 26%。智能算力规模增长迅速，智能算力规模[2] 达到 449 EFLOPS，同比增长

1　基础算力规模按照我国近6年服务器算力总量估算。我国基础算力=$\sum_{近6年}$（年服务器出货规模×当年服务器平均算力）。

2　智能算力规模按照我国近6年AI服务器算力总量估算。我国智能算力=$\sum_{近6年}$（年AI服务器出货规模×当年AI服务器平均算力）。

55%，在我国算力占比达 73%，成为算力增长最重要的组成部分。IDC 数据显示，2023 年我国 AI 服务器出货量达到 33 万台，同比增长 15%，6 年累计出货量超过 114 万台；我国加速服务器市场规模达到 94 亿美元，同比增长 104%。其中 GPU 服务器依然处于主导地位，占据 92% 的市场份额，达到 87 亿美元。同时 NPU、ASIC 和 FPGA 等非 GPU 加速服务器以同比49% 的增速占据了近 8% 的市场份额，在我国市场规模超过 7 亿美元。预计到 2026 年，我国智能算力规模将突破 1000 EFLOPS，进入 ZFLOPS 级别，在我国算力规模占比将达到 80%。超算算力规模持续提升，2023 年我国超算算力规模[1]为 5.1 EFLOPS，连续三年增速超过 30%，其中"天河星逸"超级计算机位列中国高性能计算机 Top100 榜首，算力达到了 487.94 PFLOPS，是 2022 年的 2.34 倍，峰值算力更是达到了 620 PFLOPS，联想、浪潮、曙光以 44 台、28 台、8 台超算位列我国超算制造厂商前三名。

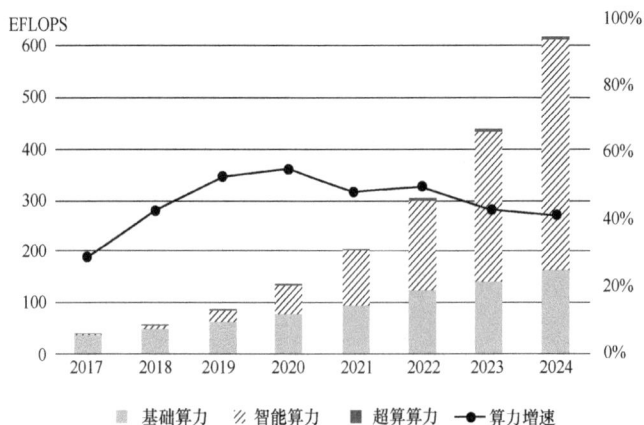

图 3-1　我国算力规模及增速
（数据来源：中国信息通信研究院、IDC、Gartner、Top500、HPC Top100）

1　超算算力规模主要是基于全球超级计算机 Top500、中国高性能计算机性能 Top100 数据，并参考超算生产商的相关数据。

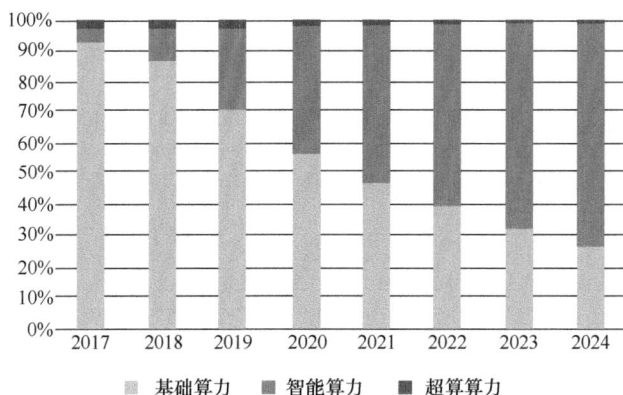

图 3-2 我国算力内部结构

（数据来源：中国信息通信研究院）

（二）供给水平大幅提升，先进计算创新成果涌现

我国算力供给水平大幅提升。经过多年发展，我国已形成体系较为完整、规模体量庞大、创新活跃的计算产业，在全球产业分工体系中的重要性逐渐提升。2023 年我国以计算机为代表的计算产业规模近 2.6 亿元，占电子信息制造业的近 20%，计算技术国内有效发明专利数量长期位列各行业分类第一，产业高质量发展新格局日益成熟完善。一是整机市场份额国产品牌占据绝对主导。在通用计算领域，IDC 数据显示，浪潮、新华三、超聚变、联想、中兴在我国服务器市场份额中排名前 5，国产品牌市场份额合计接近 81%，连续两年超过 80%。在智能计算领域，浪潮、新华三、宁畅连续两年在我国人工智能服务器市场份额中排名前3，国产品牌市场份额达 97%。在高性能计算领域，我国超算系统占有量与制造商总装机量均保持全球领先。二是产业生态不断完善。国产芯

片已初具规模，采用 x86 架构、ARM 架构、自主架构的 CPU 持续壮大应用市场，昇腾、百度、寒武纪等 AI 芯片加速迭代优化，已在多个国内智算中心装机使用。国产操作系统逐步向金融、电信、医疗等行业应用渗透，鲲鹏生态、PKS 体系等计算产业生态日渐完善，覆盖底层软硬件、整机系统及应用等关键环节。鲲鹏生态已经发展了 5500 多家合作伙伴，在政务、金融、电力、运营商等众多领域实现了行业规模应用。

二、创新之路：从基础到智能的跨越

（一）基础算力：稳扎稳打的基石

基础算力通常是指基于 CPU 芯片的算力。CPU 作为计算机设备的运算和控制核心，负责指令读取、译码与执行等关键任务，其研发门槛高、生态构建难。x86 架构和 ARM 架构是两种主流的 CPU 架构，x86 架构占据绝大多数的市场份额，由英特尔、AMD 两大巨头领跑，英特尔凭借至强系列将市场份额维持在 60% 以上，AMD 的市场份额也在持续提升。我国是全球最大的芯片市场，在最近几年的迫切需求以及动荡的供应环境等因素的推动下，国内正涌现出一些优秀的 CPU 芯片后备军，包括华为海思、飞腾、海光信息、兆芯、龙芯中科、申威等企业。

华为海思、飞腾等企业主要采用 ARM 架构，其中，华为海思的鲲鹏芯片于 2019 年 1 月发布，该芯片主要面向服务器市场，广泛适配数据中心服务器，应用于云业务。飞腾已形成完善的 CPU 产品线，主要应用于桌面和服务器等产品。近年来，面向行业对算力的要求，华为海思和飞腾在 CPU 性能、生态建设、方案应用落地、供应链保障等方面不断提升自身能力，逐步形成了多样化算力产品，这些产品包括面向计算和存储服务器、数据中心、桌面整机、一体机、便携机、嵌入式设备信息系统、工业控制等产品。通用处理器核持续迭代，性能逐步接近国际先进水平。

海光信息和兆芯等企业主要采用 x86 架构。海光信息基于 x86 架构不断研发，迭代升级，已经推出了多款性能优异的主流高端处理器产品。在我国服务器市场，国产 CPU 厂商占据的市场份额逐步扩大。IDC 报告显示，截至 2024 年第二季度，海光信息在国产服务器 CPU 市场的占有率达到 53.6%，位列第一。兆芯自主研发的通用处理器产品涵盖"开先""开胜"两大系列，"开先"系列面向个人计算机，"开胜"系列面向服务器。其中，"开先"系列高效能处理器的图形表现及续航能力大幅提升，能够进一步改善超轻薄笔记本电脑、一体机、云终端等产品的使用体验；"开胜"处理器在性能、互连、I/O 等技术方面取得了显著提升，计算性能进一步增强。

龙芯中科最新推出的 CPU 采用龙芯自主指令系统龙架构（LoongArch），已构建了面向嵌入式专门应用、工控和终端类应用、桌面 / 服务器类应用的处理器产品矩阵。2023 年 11 月，龙芯发布了新一代国产 CPU——龙芯 3A6000。这是一款我国完全自主设计、性能优异的处理器，主频达到 2.5GHz，标志着我国自主研发的 CPU 在自主可控程度和产品性能方面达到新高度。

申威处理器主要用于超级计算机。申威推出了多款 CPU 产品，主要面向网络安全、工业控制等领域服务器和桌面计算机应用。2016 年，搭载申威 CPU 的"神威·太湖之光"超级计算机成为世界上首台运算速度超过十亿亿次的超级计算机，并在当年全球超级计算机 Top500 榜单中位列第一，并一直保持到 2018 年。

综合来看，国内多技术路径并存发展，通用计算芯片呈现出技术长期跟随、市场长期稳固的局面，英特尔、AMD 等企业为技术产业发展指明了方向、积累了经验，如涉及微架构创新、高速接口、指令扩展、新型工艺封装的技术树已基本明确。国内众多 CPU 企业在技术演进、产品迭代中，竞争力不断提高。此外，人工智能的高速发展，使算力需求发生较大变化，CPU 在计算系统中的地位有所降低，行业领导者存在被颠覆的可能。随着技术创新能力的提升，国内 x86、ARM、RISC-V 等路线的自主可控水平将不断加强。

（二）智能算力：未来的曙光

我国智能算力行业近年来取得了显著发展，市场规模持续扩大。我国科技公司如华为、百度等纷纷推出 AI 芯片及解决方案，显示出我国在智能计算领域的研发实力。

华为在 AI 芯片及算法软件领域均有布局，并已形成日渐完备的技术产业体系。在 AI 芯片方面，华为推出昇腾芯片，其采用达芬奇架构，支持全场景人工智能应用，昇腾云服务已服务了超过 100 个业内主流大模型。在开源框架方面，华为于 2019 年推出"昇思 MindSpore"。

昇思 MindSpore 是新一代全场景 AI 框架，并于 2020 年开源，已被广泛用于大模型的开发和训练。在大模型方面，华为盘古大模型实现从十亿级到万亿级参数版本全覆盖，小到十亿级参数的模型可支撑手机、个人计算机等端侧应用，大到万亿级参数的模型能够帮助企业处理更为复杂的跨领域多任务。在智能算力基础设施方面，华为依托昇腾 AI 处理器推出 ATLAS 系列 AI 服务器，该服务器已被广泛应用于国内多个智算中心。

百度以自身智能产业需求为核心，在 AI 开发框架、大模型和芯片领域均处于国内领先水平。百度拥有国内领先的 GenAI 大模型——文心大模型。截至 2024 年年底，"文心一言"用户规模达 4.3 亿人，仍在不断增长。百度于 2018 年推出了云端全功能 AI 芯片"百度昆仑"。2021 年，第二代"百度昆仑"芯片进入大规模量产阶段，被广泛用于搜索引擎、云计算以及小度业务。在 AI 开发框架方面，百度于 2018 年发布深度学习平台"飞桨"。"飞桨"集核心训练和推理框架、基础模型库、端到端开发套件以及丰富的工具组件于一体，高效支撑以"文心一言"为代表的文心大模型的生产与应用，目前稳居我国深度学习平台市场综合份额第一，截至 2024 年年底，其开发者数量已突破 1808 万人。

此外，我国还有众多 AI 芯片企业积极投入智能算力的开发中。寒武纪以 ASIC 芯片为发展重点，其推出的思元系列 AI 芯片，可以提供丰富的半精度浮点数（FP16）、单精度浮点数（BF16）等多种训练精度，配合基础系统软件平台，可充分满足推理和训练一体 AI 的任务需求。

燧原科技在 AI 芯片领域取得了显著的进展，已经发布了第二代 AI 训练"邃思 2.0"芯片及基于该芯片的产品加速卡，该系列基于 AI 领域专用处理器架构设计，提供全精度 AI 算力、先进的存储方案，并具备灵活的可扩展性，广泛支持计算机视觉、语音语义理解、强化学习等 AI 模型训练。摩尔线程在 AI 芯片领域取得了显著进展，其 AI 旗舰产品夸娥（KUAE）智算集群解决方案实现重大升级，从千卡级别扩展至万卡规模，有效计算效率最高达 60%，平均无故障运行时间为 15 天。

智能计算生态呈现竖井式碎片化发展态势。由"框架 + 工具链 + 硬件"构成的紧耦合模式且接口互不兼容，使上层智算应用与特定系统锁定，成为竖井生态繁多的根本原因。对应用开发者而言，在使用异构算力实现 AI 算法过程中，不同类型的 AI 处理器的应用程序接口、编程库和操作系统尚不统一，专用芯片领域的编程范式和工具链种类繁多，开发者需在 OpenCL、OpenACC、OpenMP 等多种模型范式间切换，同一应用的不同版本需多支团队进行开发维护，成本高。对算力服务商而言，由于无法实现异构算力的合理规划和应用的动态迁移，资源利用率低。当前，GPU、AI 芯片的虚拟化能力存在局限性，物理资源只能以独占方式分配给单个实例使用，无法实现动态调整和灵活调度，导致底层资源无法被充分利用。对芯片企业而言，面对当前逐步形成的"一超多雄"的产业格局，构建良性发展的生态变得艰难。当前智算生态由英伟达主导，国内厂商各自为"栈"，竖井林立的割裂生态难以吸引开发者，容易陷入"差而不用，不用更差"的怪圈。

（三）高性能算力：科技竞赛的加速器

超级计算（简称"超算"）又称高性能计算，是计算科学的重要前沿分支。20世纪80年代以来，超算一直为气象预报、航空航天、海洋模拟、石油勘探、地震预测、材料计算、生物医药等领域提供算力支撑。随着国内计算创新模式兴起、产业信息化提升、新一代信息技术发展，超算的应用场景及需求越来越多，超算从以提供软硬件资源为主逐渐转变为以提供算力服务，打造超算应用服务生态为主。超算的传统应用领域以科学研究为主，具体如环境预测、能源勘探、工程仿真、新材料研究、生物医药等。时至今日，超算及相关技术应用已拓展至大数据、物联网、人工智能等新兴领域，超级计算机已经成为支撑我国信息化发展的重要基础设施，正在逐步发展成为城市的算力大脑，用于汇聚和计算海量数据、优化城市管理和服务以及改善市民生活质量。超算产业生态环境的建立和不断完善，充分整合产业链上下游的资源，不仅可以推动传统科学研究领域的技术创新，还可以强化超算应用技术在新兴科技领域的辐射能力，将切实起到引领科技进步的核心作用。

经过30年的快速发展，我国研制超算系统的能力及研发具有超大规模可扩展性并行应用的水平已经跻身世界先进行列。根据中国高性能计算机Top100排行榜的数据，2023年，服务器供应商采用CPU+GPU异构众核处理器成功研制出一个Linpack性能达487PFLOPS的超算中心主机系统。从超算系统数量来看，在2023

年 11 月的全球超算 Top500 排行榜中，我国部署的超算系统数量为104 台，美国为 161 台，联想公司以 169 台的数量仍旧排全球超算Top500 制造商第 1 名。在超算应用方面，我国分别在 2016 年、2017年和 2021 年全球超级计算大会（SC）上获得 3 次国际上高性能计算应用领域的最高学术奖——戈登·贝尔奖。其中，2016 年获奖的"千万核可扩展全球大气动力学全隐式模拟"和 2017 年获奖的"非线性大地震模拟"均为基于"神威·太湖之光"系统的全机应用；2021 年的"超大规模量子随机电路实时模拟"基于一台新一代"神威"超级计算机，实现了量子随机电路的开创性实时模拟。

三、环境优化：打造算力发展的温床

（一）持续优化的网络环境为算力发展提供坚实支撑

算力水平不仅取决于服务器、终端的本地算力，还受到网络传输能力的影响。数据的泛在分布推动计算从云端向边缘端（如物联网设备）迁移，促使云、边、端等不同计算层级协同工作。伴随电信网络的云化深入发展，推动算网融合成为算力发展的重要趋势。5G 提供的低时延、高带宽和海量连接能力，打破了数据中心、边缘与终端之间的界限，最后通过计算与网络相互协同实现算力水平的提升。

在全国一体化算力网络建设背景下，算力设施和网络设施融合程度进一步加深，低时延、高带宽的互联网络成为连接东西部算力设施、强化各区域算力协同的基础，为我国算力设施空间布局优化提供支撑。目前，我国网络基础设施能力持续升级，全国持续推进互联网骨干网、城域网结构优化和关键环节扩容，加大省际出口带宽扩容力度，网络基础设施能力因此不断完善。截至 2023 年年底，国内各省份的平均互联网省际出口带宽达到 55Tbit/s，年增速超过 21%；已有 110 个城市建成千兆城市，5G 基站数量达 231.2 万个（见图3-3），实现了市市通千兆，县县通 5G，村村通宽带的目标；移动物联网终端用户数达到 18.45 亿，我国成为全球主要经济体中首个实现"物超人"的国家。

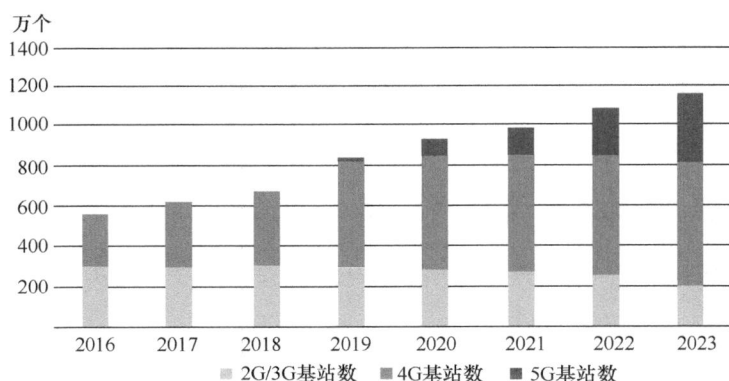

图 3-3　我国移动通信基站发展情况

（数据来源：工业和信息化部）

网络设施建设持续提升算力协同能力。2023 年，中共中央、国务院印发《数字中国建设整体布局规划》，强调"促进东西部算力高效互补和协同联动"。在国家政策引导下，围绕算力枢纽节点的网络设施开始建设，中国移动、中国电信、中国联通纷纷加快了 400Gbit/s 全光网络建设，连接东数西算枢纽节点。算力协同能力逐渐增强，据统计，目前全国已发布或建设 10 余个算力调度平台，主要由基础电信运营商、算力枢纽节点城市政府、企业及行业机构等主导建设。随着网络基础设施智能化升级，云、边、端之间的界限逐渐模糊，算力与网络协同能力逐渐增强，为多样化算力体系的高效运行提供支撑。

（二）持续增长的算力投资为算力持续高速稳增长注入动力

当前云计算、大数据、人工智能等新一代信息技术正加速与经济社会各领域渗透融合，产业数字化转型进程提速升级，信息化和工业化深度融合发展，带动我国在计算硬件、软件及服务等领域的支出不断增长，为算力发展提供强劲动力。

IDC 数据显示，2024 年，我国 IT 支出规模达到 2.7 万亿元，同比增长 8%，增速较上一年增加 3 个百分点，连续两年保持增长。当前，工业企业"智改数转"加速落地，未来几年仍将围绕人工智能大模型、行业垂直模型等领域开展更加深入的技术研发，并在更多场景开展应用探索，在训练推理方面和面向用户应用方面的算力需求将持续增长，我国围绕算力投资的 IT 支出将保持稳定增长态势。

在我国"东数西算"工程带动下，算力投资呈现由东向西转移的趋势，西部地区投资力度明显增强，八大算力枢纽节点地区成为投资热门区域，算力投资空间布局得到优化，促进我国算力设施向集约化、规模化、绿色化发展。与此同时，我国算力投资主体逐步多元化，数字经济发展使得投资主体由政府或企业单一主体向政府与社会资本合作的多元主体发展，政府与社会资本合作模式（PPP 模式）应用越来越广泛，这种更加灵活的投资模式进一步促进我国算力投资规模的持续增长。

万亿元

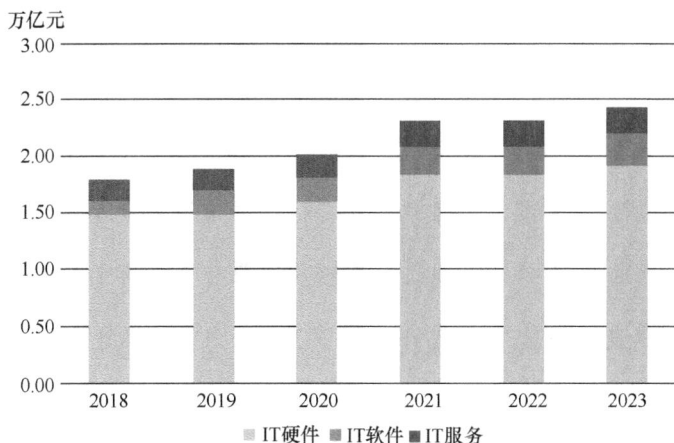

图 3-4　我国 IT 硬件、软件、服务支出规模

（数据来源：中国信息通信研究院、IDC）

（三）日益完善的数据资源体系打通算力发展"大动脉"

数据是数字经济时代的新型生产资料，是算力发展的基础。数据产量、数据处理需求的不断增长，以及数据资源的开放流通促进了算力的开发与应用需求的增长，间接成为算力发展的助推剂。目前，我国数据要素市场培育进程正在加速，数据资源大循环的流通方向愈加明确。

随着人工智能等数字技术的快速发展和融合应用，我国数据资源生产总量持续攀升。《数字中国发展报告（2024 年）》数据显示，2024 年，我国数据生产量达 41.06 ZB，同比增长 25%，展现出强劲的增长势头。目前，数据资源流通体系不断完善，全国一体化政务数据共享枢纽已发布数据资源 1.5 万类，累计支撑共享调用超过 5000 亿次。

　　国家数据局的成立为数据要素市场提供了制度和机制保障，可信数据空间等共享流通技术为行业数据的互联互通提供支撑，这为数据治理、数据流通、数据应用、数据生态带来发展新趋势。目前，超过80%的央企已经开展数据治理实践，超过60%的央企已将数据治理上升为集团战略，制造、交通等行业将构建更高质量的数据集，有效支撑数据的流通与利用。各地政府积极探索数据治理规则，培育数据要素市场，促进数据流通交易和开发利用，助力数据要素价值的释放。截至2023年8月，我国已有226个省级和地方政府上线了数据开放平台，其中省级平台22个（不含直辖市和港澳台），城市平台204个（含直辖市、副省级与地级行政区）。截至2023年年底，全国已有数十个省（直辖市、自治区）上线公共数据运营平台，有20多个省（直辖市、自治区）成立了专门的数据交易机构，广东、山东、江苏、浙江的数据交易机构数量位居全国前列。上海数据交易所上线数据产品登记大厅，开展数据产品登记试运行工作。福建大数据交易所交易平台初步实现与省公共数据开发服务平台互联互通，同步公共数据目录400多个，数据项1万多个，孵化公共数据产品50余款。

　　随着数据应用不断创新，供应链、设备运维、碳足迹等数字化转型应用持续拓展，行业大模型的创新应用将推动重点行业及领域的高质量数据聚集，从而进一步提高产业创新能力。

四、需求释放：算力推动行业变革的力量

　　随着我国算力规模的持续扩大，互联网、大数据、人工智能等新技

术与实体经济深度融合，算力应用的新业态、新模式正加速涌现。一方面，算力正加速向政务、工业、交通、医疗等各行业、各领域渗透，成为传统产业智能化改造和数字化转型的重要支点；另一方面，围绕"大算力 + 大数据 + 大模型"，智能算力已成为全球数字化转型升级的重要竞争力。

（一）算力驱动人工智能产业发展进程

大模型发展需要大量参数、海量数据参与，智能算力是人工智能产业发展的根基。我国企业紧抓发展机遇，以端到端体系化布局的方式，积极推进智能算力生态的不断完善和发展壮大。截至 2024 年年底，我国人工智能核心产业规模近 6000 亿元，产业规模增速有所放缓，全球人工智能产业规模占比从 2021 年的 15.4% 增至 2024 年的 20.9%。截至 2024 年年底，我国人工智能企业数量超过 4700 家。国内涌现出华为、寒武纪、摩尔线程、壁仞科技等多家人工智能芯片企业，它们在大模型的训练、推理等多场景及多行业领域实现了产品应用，并不断提高与国内 CPU 企业、整机企业等的协同发展水平，构建体系化发展新格局。

华为昇思（MindSpore）、百度飞桨（PaddlePaddle）等针对大模型压缩、推理、部署等环节优化框架、提升性能，并提升开发者开发和精度调优效率。在软件栈方面，相关企业重点强化大模型加速库的建设，通过为用户提供易用、高效的芯片编程接口，推出针对深度学习计算、优化模型推理、加速科学计算与图形计算的专用加速库，提高开发效率，满足多样化智能计算需求。面向未来，高算力、大内存的计算芯片，支持超大规模 AI 训练的软件系统，以及芯粒间、芯片间、节点间的体系化高速互联，软硬件高效协同与适配将成为提升智能计算整体效能的关键。

目前，人工智能大模型应用呈现出"一横一纵"两条发展路径。横向路径是基于通用大模型不断拓展模型的通用性、泛化性，扩展赋能场景边界，如百度文心一言、阿里通义千问等；纵向路径是基于基础大模型向垂直领域的行业大模型发展，深度赋能千行百业，如火山引擎 - 智谱 AI 金融行业大模型、华为云盘古气象大模型等。除此以外，大模型应用生态也不断丰富。2023 年 11 月，OpenAI 宣布推出 GPT 商店（GPT Store）服务，允许用户构建自定义版本的 ChatGPT。我国的 GPT 应用商店也于同期出现，已有多家企业推出"类 GPT"应用商店，包括昆仑万维的天工 SkyAgents、百度的灵境矩阵等平台。

（二）算力赋能千行百业数字化转型

算力为行业数字化转型提供强大支撑。目前，我国算力应用已加速从互联网、电子政务等传统领域，向电信、金融、制造、教育等行业或领域拓展。我国各行业算力应用分布情况如图 3-5 所示。在通用算力领域，互联网行业仍是算力需求最大的行业，占通用算力 39.00% 的份额；电信行业加大算力基础设施投入力度，其通用算力份额占比位列第 2；政府、金融、服务、制造、教育、运输行业的算力份额占比分别位列第 3 到第 8。在智能算力领域，互联网行业对数据处理和模型训练的需求不断提升，是智能算力需求最大的行业，占智能算力 53.27% 的份额；服务行业快速从传统模式向新兴智慧模式发展，其算力份额占比位列第二；政府、电信、制造、教育、金融、运输行业的算力份额占比分别位列第3到第8。

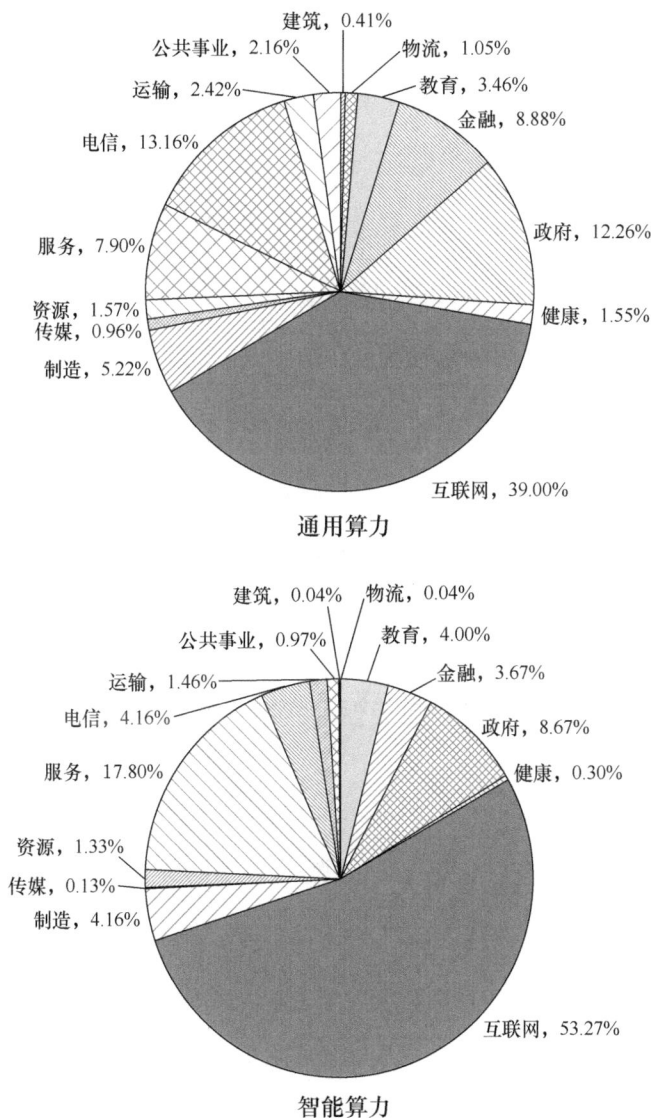

通用算力

智能算力

图3-5　我国各行业算力应用分布情况

（数据来源：中国信息通信研究院、IDC）

随着算力应用场景向工业制造、城市治理、智能零售、智能调度等领域延伸，激发了数据要素驱动的创新活力。目前，"工业大脑"和"城市大脑"建设已初具规模。"工业大脑"将工业企业的各种数据进行布局和融合，在上层构建工业数据中台，用智能的算法将数据的价值挖掘出来，实现数据采集监控、工业现场管控、设备智能控制等功能，快速提升工业制造水平。"城市大脑"通过对城市全域运行数据进行实时汇聚、监测、治理和分析，全面感知城市生命体征，辅助宏观决策指挥，预测、预警重大事件，优化公共资源配置，保障城市安全有序运行，支撑政府、社会、经济数字化转型。目前，以中文大模型为代表的办公生产力应用加速推进。2023 年 3 月，百度发布文心一言，4 月，华为发布盘古大模型，阿里发布通义千问大模型，商汤科技公布日日新大模型体系，5 月，科大讯飞发布星火大模型，多家上市公司亦开始布局，助力 AI 大模型产业化。

（三）算力助推信息消费与智能终端持续升级

目前，移动数据流量消费规模继续扩大，用户数量快速增长。随着 5G 和物联网的规模化建设及人工智能应用的普及，算力加速由云端向边侧、端侧扩散，边端计算能力持续提升，推动、视频直播、AR 导航、云游戏、智能家居等新兴应用的发展，进而促进移动数据流量的规模和用户数量增长。2024 年，我国移动互联网接入流量实现快速增长。2019—2024 年移动互联网接入流量及月户均移动互联网接入流量（DOU）增长情况如 3-6 所示。2024 年，移动互联网接入流量达

3376 亿 GB，比上年增长 11.6%。截至 2024 年年底，移动互联网用户

达 15.7 亿户，全年净增 4575 万户。全年 D O U 达 18.18GB/ 户·月，

比上年增长 7.4%；12 月当月 DOU 达 19.7GB/ 户，较上一年年底提高

0.71GB/ 户。

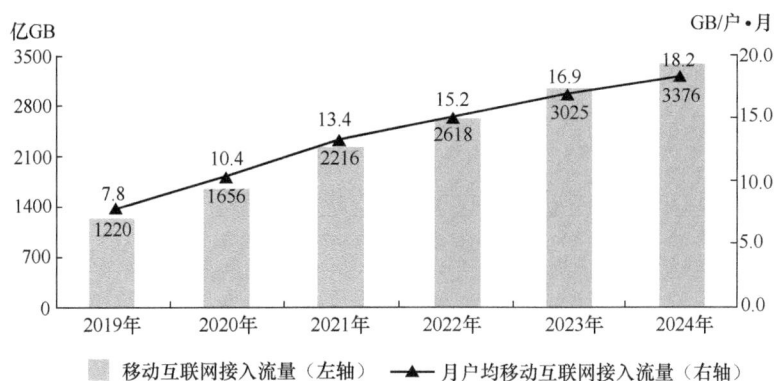

图 3-6　2018—2023 年移动互联网接入流量及

移动互联网月户均流量（DOU）增长情况

（数据来源：工业和信息化部）

　　智能终端算力提升成为新的需求。数据私有化和推理计算是终端

算力的重要应用方向，本地 AI 模型能够直接在智能手机、计算机等

智能终端上运行，正逐步成为"大模型时代"下备受瞩目的新发展

方向，也对终端的智能算力水平在精度、能耗等性能维度提出了更

高的要求，推动终端计算软硬件迭代升级。越来越多的手机厂商涌入

AI 大模型赛道，相继发布低于百亿参数的大模型。例如，华为、小

米、vivo、OPPO、荣耀等我国主要手机厂商的大模型产品有盘古大

模型、MiLM-6B 模型、蓝心大模型、安第斯大模型、魔法大模型等

多款。

随着 5G、边缘计算的发展，新兴应用将加速驱动数据处理由云端向边端扩散，边端算力持续增长，算力泛在化已成趋势，催生了对各种计算设备的巨大计算需求。未来，随着边端设备种类更加丰富，个人计算机甚至家庭网关将可能成为算力的节点，手机、智能汽车等终端的普及构建了数据就近处理和泛在计算处理的场景，由此也将促进用户周边信息空间内不同距离、不同规模算力的相互协同和联动，并呈现"云－边－端"三级计算架构。目前，5G 泛终端已达 20 余类，涵盖 VR/AR 头戴显示器、用户驻地设备（CPE）、工业级路由器/网关、无人机、机器人、车辆车载单元（OBU）等众多品类，这些设备将率先在工业、医疗等非成本敏感领域普及并迭代演进，并将重塑文化教育、休闲娱乐等生活方式。

五、经济增长的新杠杆：算力的价值显现

伴随着新一轮科技革命和产业变革持续推进，算力成为推动数字经济持续稳定增长的关键动力，对经济社会发展起到了重要作用。算力已成为我国当前最具活力、最具创新力、辐射范围最广的基础信息资源，也成为衡量数字经济发展活力的关键指标。

（一）算力推动我国数字经济蓬勃发展

算力推动我国数字经济蓬勃发展。数字经济时代的关键资源是数据、算力和算法，其中数据是新生产资料，算力是新生产力，算法是新生产关系，它们构成数字经济时代最基本的生产基石。全方位促进我国产业

数字化和数字产业化，打造面向未来的数字经济高地，亟须海量大数据、高性能算力、高效能算法以及算网融合的强劲支撑。

数字产业化方面，据中国信息通信研究院《中国数字经济发展研究报告（2024年）》数据显示，2024年，我国数字经济规模达 53.9 亿元，占国内生产总值比重超过 40%。其中，数字产业化增加值规模为 10.09 万亿元，同比名义增长 9.7%，占数字经济比重为 18.7%，占 GDP 比重为 8%。算力作为数字经济核心产业的重要底座，对上游软硬件产业的拉动作用日渐凸显，作为算力产业重要组成部分的软件规模实现较快增长。2023 年全国电子信息制造业实现营业收入 15.1 万亿元，同比下降 1.5%；软件业收入达 12.33 万亿元，同比增长 11.4%。

产业数字化方面，我国产业数字化规模达到 43.84 万亿元，同比名义增长 7%，占数字经济比重为 81.3%，占 GDP 比重为 34.8%。依托算力总量的持续增长和算力类型的不断丰富，以制造业为代表的重点行业加快数字化转型步伐，对数字经济的增长起到了关键作用。我国已培育出超过 340 家具有影响力的工业互联网平台，这些平台正加速实现数据互通、资源协同。

（二）算力发展为拉动我国 GDP 增长作出突出贡献

算力发展为拉动我国 GDP 增长的突出贡献主要表现在两个方面。

一方面，算力规模与经济发展水平呈显著的正相关关系。统计数据显示，2016—2023 年期间，我国算力规模年均增长 46%，数字经济增长 13.2%，GDP 增长 7.8%；同期全球算力规模年均增长 39%，数字经济规模增长 8%，GDP 增长 4.7%，我国算力规模增速和 GDP 增速均高于全球平均水平，如图 3-7 所示。

另一方面，算力带动产业结构、基础设施、技术、人才等各项拉动经济发展的因素共同迭代升级，促进数字技术与实体经济深度融合，形成新的经济增长点。"东数西算"工程初见成效，8 个国家算力枢纽节点建设方案均已进入深化实施阶段。在起步区新开工的数据中心项目达到 60 余个，算力集聚效应初步显现，全国一体化的算力网络体系正在逐步建立，这将推动我国计算产业生态发展，形成数字经济新优势。

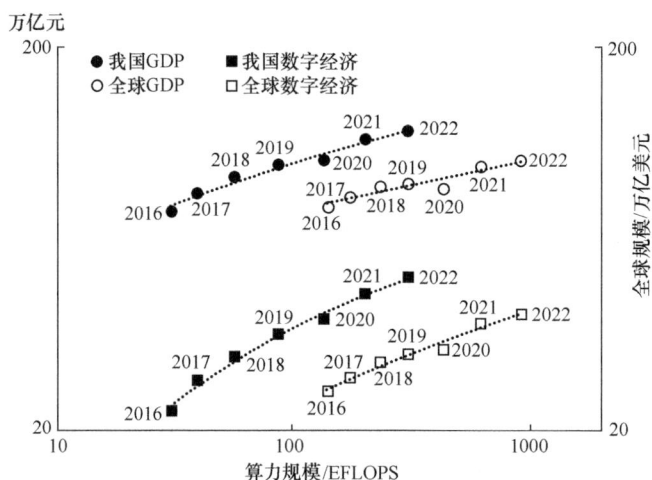

图 3-7　2016-2023 年全球和我国算力规模与 GDP、数字经济规模关系

（数据来源：中国信息通信研究院）

第四章

算力的量化评估——
中国算力发展指数

4

一、评估基石：指标体系建立的科学逻辑

基于对全球和我国算力发展情况的分析，并综合 IDC[1]、罗兰贝格[2]、华为、浪潮信息等国内外机构和企业对算力测度及相关指标体系的研究，在充分征求专家意见的基础上，《中国算力发展指数白皮书（2023 年）》从算力规模、算力产业、算力技术、算力环境和算力应用 5 个维度选取相关指标建立中国算力发展指数 2.0 评价体系[3]，以全面客观地评价我国算力发展情况，分析全国各地现阶段的算力发展水平。算力规模主要从计算设备算力和基础设施算力两个方面来衡量。算力产业主要从计算设备、计算芯片、计算软件 3 个方面来衡量。算力技术主要从算力创新水平和研发投入两个方面来衡量。算力环境主要从网络环境、算力投入、数据开放程度 3 个方面来衡量。算力应用主要从消费应用水平和行业应用水平两个方面来衡量。中国算力发展指数 2.0 评价体系在指标选择时遵循科学性、代表性、独立性的原则，结合算力发展特点和重点影响因素，并综合考虑了数据的可获取性和可比较性。

二、指标体系：多维度解析算力实力

在评价工作开展过程中，我们按照科学的研究与分析方法，对各项

---

1 IDC、浪潮信息和清华大学全球产业研究院联合发布的《2022—2023 全球计算力指数评估报告》，主要围绕计算能力、计算效率、应用水平和基础设施支持 4 类指标进行算力指数评估。

2 罗兰贝格与华为联合发布的《泛在算力：智能社会的基石》给出了全球算力衡量指标体系，主要基于云、边、端对全球各国整体算力进行估算。

3 指标体系的建立基于《中国算力发展指数白皮书（2023）》的数据，该数据反映当时的实际情况。指标体系的合理性根植于其方法论设计，旨在基于此基准进行有效衡量，核心逻辑不因数据年份而失效。

指标进行权重确定、赋值和打分，从而得到我国算力发展综合指数。我国算力发展综合指数的形成过程可分为以下 4 个阶段。

1. 形成指标体系

根据上述建立指标体系的依据，征求专家的意见，对我国算力发展指标体系现状进行梳理，我国算力发展指标体系如表 4-1 所示，结合算力发展特点和重点影响因素，从算力规模、算力产业、算力技术、算力环境、算力应用 5 个维度搭建算力发展指数体系，指标体系包括算力规模、算力产业等 5 个一级指标，计算设备算力、基础设施算力等 12 个二级指标，基础算力（服务器算力）规模、智能算力（AI 服务器算力）规模等 16 个三级指标。

表 4-1 我国算力发展指标体系

一级指标	二级指标	三级指标	单位
算力规模	计算设备算力	基础算力（服务器算力）规模	EFLOPS
		智能算力（AI 服务器算力）规模	EFLOPS
		超算算力（超级计算机算力）规模	EFLOPS
	基础设施算力	数据中心、智能计算中心算力规模	EFLOPS
算力产业	计算设备	计算设备产量	万台
	计算芯片	集成电路产量	万块
	计算软件	软件业务收入	亿元
算力技术	算力创新水平	计算发明专利申请量	件
		计算发明专利授权量	件
	研发投入	计算机制造业 R&D 经费	亿元
算力环境	网络环境	互联网省际出口带宽	Tbit/s
		5G 覆盖率	/
	算力投入	IT 支出规模	亿元
	数据开放程度	数据开放数林指数	/

续表

一级指标	二级指标	三级指标	单位
算力应用	消费应用水平	移动互联网月均流量	EB
	行业应用水平	产业数字化规模	亿元

（数据来源：中国信息通信研究院）

2. 确定指标权重

针对形成指标体系的一级、二级、三级指标，通过基于专家打分法的层次分析法（AHP），我们可得到指标体系中每个一级、二级、三级指标的相对权重。

3. 根据区域实际情况对指标进行赋值

根据各省（自治区、直辖市）、各城市算力发展实际情况[1]，得到每个指标的实际数值，并对数据进行标准化处理，得到每个指标的赋值情况。

4. 计算综合算力发展指数

根据指标的具体赋值情况和相对权重，最终形成各区域综合算力发展指数。

三、发展全景：算力发展指数的深度剖析

（一）总指数：综合国力的算力体现

京津冀地区、长三角地区、粤港澳大湾区、成渝双城经济圈等地区

1　受数据可得性及数据连续性等限制，本报告测算不包括中国香港特别行政区、中国澳门特别行政区、中国台湾省。

的算力发展处于我国领先水平。2022 年，我国部分省（自治区、直辖市）算力发展指数如图 4-1 所示，从整体来看，广东、北京、上海及其周边省（自治区、直辖市）算力发展指数较高，广东、北京、江苏、浙江、山东、上海排前 6 位，位于第一梯队，其算力发展指数在 40 以上，山东首次超越上海位列第 5。四川、河北、河南、福建、湖南、湖北、贵州、安徽、广西分别排第 7 位到第 15 位，其算力发展指数在 20 以上。北京、上海、广东及周边省（自治区、直辖市）依托雄厚的经济基础，把握算力发展机遇，在先进计算关键技术创新、算力产业提振、算力基础设施建设、算力发展环境优化、算力创新应用推广等维度均取得突出成果，整体算力发展指数处于领先地位。北京、上海等地以政策为导向积极推动算力全面发展，如北京出台了《北京市加快建设具有全球影响力的人工智能创新策源地实施方案（2023—2025 年）》，上海发布了《新型数据中心"算力浦江"行动计划（2022—2024 年）》，它们分别围绕人工智能和算力基础设施建设等领域加快算力发展布局。

中西部核心省（自治区、直辖市）算力发展日益崛起，算力发展环境有望进一步优化。中西部省（自治区、直辖市）算力发展迅速，其 2023 年的算力发展指数相较 2021 年平均增长率达 35%，青海、云南、新疆、贵州算力发展指数增长率超过 45%。随着国家"东数西算"工程的全面推进，贵州、内蒙古、甘肃、宁夏等中西部核心省（自治区、直辖市）算力发展优势突出。随着"东数西存""东数西训""东数西算"工程并行推进，中西部省（自治区、直辖市）在技术创新、算力应用、产业基础等制约算力发展的关键要素方面将持续改善。贵州加快建设面向全国的算力保障基地，开放"十二大应用场景"，打造大数据产业集群，着力培育算力发展核心竞争力。内蒙古加快绿色算力升级和算力应用赋能，通过建设一批绿色算力中心，提升云渲染、云游戏、云视频等算力服务能力，有效推动了国家"东数西算"战略的实施。

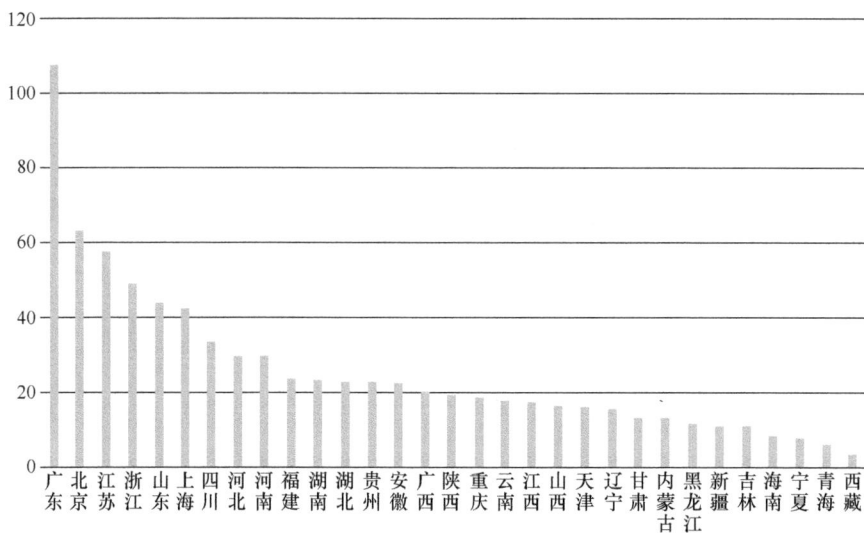

图 4-1　2022 年我国部分省（自治区、直辖市）算力发展指数

（二）分指数解析——算力规模

2022 年，我国部分省（自治区、直辖市）算力规模分指数如图 4-2 所示。北京、上海、广东及周边省（自治区、直辖市）算力规模分指数较高，部分西部地区枢纽节点算力规模分指数大幅提升。与 2021 年相比，北京、上海、广东等热点地区算力规模分指数仍然遥遥领先，其中北京、广东、上海算力规模分指数位列前 3 名，江

苏、浙江、河北、山东、贵州跻身第一梯队，其算力规模分指数在20以上。北京、上海、广东通过集约化发展和新建大型／超大型算力中心，尤其是智能算力基础设施的持续建设和落地，使算力规模平均增速达到44%，超过36%的全国平均算力规模增速，将与位于第一梯队的其他省（自治区、直辖市）之间的差距拉大。北京积极开展智算中心建设，2023年2月北京昇腾人工智能计算中心正式上线，其首批签约的企业和科研单位已达47家，算力使用规模超过248PFLOPS。内蒙古、山西、湖北、河南、四川、福建、重庆、甘肃、江西、湖南、广西、宁夏位于第二梯队，其算力规模分指数分别排第9位至第20位。山西、湖北、重庆、广西、新疆、安徽等排名上升，其算力规模分指数快速提升。山西积极布局算力基础设施，2022年山西阳泉智算中心对外开放服务，该中心全部建成后算力规模已达到4EFLOPS，平均PUE为1.08，在数据存储规模、计算能力和环保节能3个方面均处于业界领先水平。

各地算力规模稳步扩大。从计算设备算力分布来看，北京、广东、浙江、上海、江苏在服务器市场和AI服务器市场中均保持领先地位，市场份额排名保持前5，合计市场份额分别达到79%和90%。在超算算力方面，天津、山东、江苏、北京、浙江、陕西、四川、河南等的算力规模位居前列。东部地区依然是算力需求最旺盛的地区，贡献了全国近90%的计算设备算力。据统计[1]，目前我国在14个省市／地区均有团

1　内容来自《中国人工智能大模型地图研究报告》。

队在开展大模型研发，北京、广东两地最多，上海、浙江紧随其后，其算力规模与算力基础设施发展水平呈现正相关，地域集中度相对较高。从基础设施算力分布来看，2022年我国基础设施算力规模排名前10的省（自治区、直辖市）为上海、江苏、广东、河北、北京、山东、贵州、浙江、内蒙古和山西，基础设施算力规模均超过了5EFLOPS。特别是上海、江苏、广东、河北等省（直辖市），其基础设施算力规模超过了16EFLOPS。北京、上海、广东及周边省（自治区、直辖市）基础设施算力规模具有前期积累的明显优势，随着智算中心的快速部署，其基础设施算力规模进一步扩大，东部地区和中西部地区之间的差距进一步拉大。2022年我国部分省（自治区、直辖市）基础设施算力规模如图4-3所示。

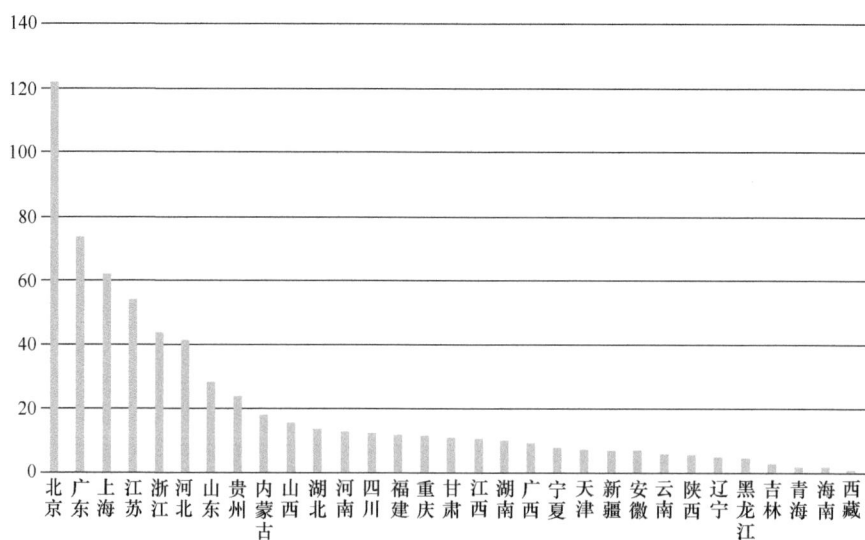

图4-2　2022年我国部分省（自治区、直辖市）算力规模分指数

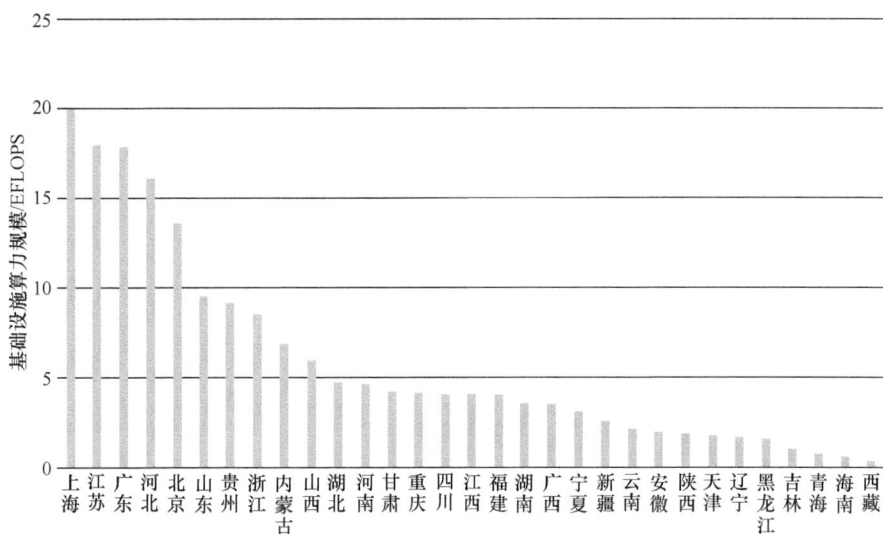

图 4-3　2022 年我国部分省（自治区、直辖市）基础设施算力规模

（三）分指数解析——算力产业

我国算力产业形成"一核双中心多点"的发展格局，产业带动作用较为明显，2022 年我国部分省（自治区、直辖市）算力产业分指数如图 4-4 所示。从整体来看，以广东为代表的粤港澳大湾区算力产业发展水平"一骑绝尘"，算力产业分指数首次突破 100 大关；以江苏、北京为代表的长三角地区、京津冀地区算力产业发展水平全国领先，江苏、北京算力产业分指数均超过 40，江苏、北京成为推动区域经济增长的中心；山东、浙江、福建、上海、四川算力产业分指数分别位居第 4 到第 8，算力产业分指数均超过 10，我国形成多点支撑的算力产业发展格局。在计算设备方面，广东、福建、江苏、山东、天津的服务器等计算设备（不包括微型计算机设备）产量处于领先水平，排

名前 5，其中广东的计算设备（不包括微型计算机设备）产量具有绝对领先优势。2022 年，广东的计算设备（不包括微型计算设备）产量超过 1100 万台，占全国总产量的 60%，较 2021 年增长 10 个百分点。以深圳、东莞、惠州为中心的珠江东岸电子信息产业带引领区域计算产业强劲发展。湖北省计算设备（不包括微型计算设备）产量位居全国第 9，《湖北省加快发展算力与大数据产业三年行动方案（2023—2025年）》提出，大力发展高可靠、高性能、高扩展、高效节能的数据中心服务器及 GPU、SSD 等智能计算产品。在计算芯片方面，江苏、甘肃、广东、上海、北京、浙江等的计算芯片产量位居前列，其中江苏集成电路计算芯片产量连续两年（2022 年和 2023 年）突破 1×10^7 万块（分别为 1.2×10^7 万块和 1.35×10^7 万块），占全国总产量的 30%，并与上海、浙江、安徽等周边省（自治区、直辖市）形成协同发展机制。上海高度重视计算芯片产业发展，尤其在人工智能芯片产业领域展现出显著的集聚效应，GPU、FPGA、ASIC 等计算芯片领域不断涌现新成果。在计算软件方面，北京、广东、江苏、山东、浙江的计算软件业务收入位居前列，2022 年北京计算软件业务收入达到 23912 亿元，首次突破 2.3 万亿元大关，位居全国榜首，带动全国计算产业发展。北京市出台《北京市推动软件和信息服务业高质量发展的若干政策措施》，该措施提出，要制定基础软件应用指导目录，支持软件产品首试首用，推进国产软件产业发展。深圳市出台《深圳市推动开源鸿蒙欧拉产业创新发展行动计划（2023—2025 年）》，举全市之力推动开源鸿蒙欧拉产业创新发展。

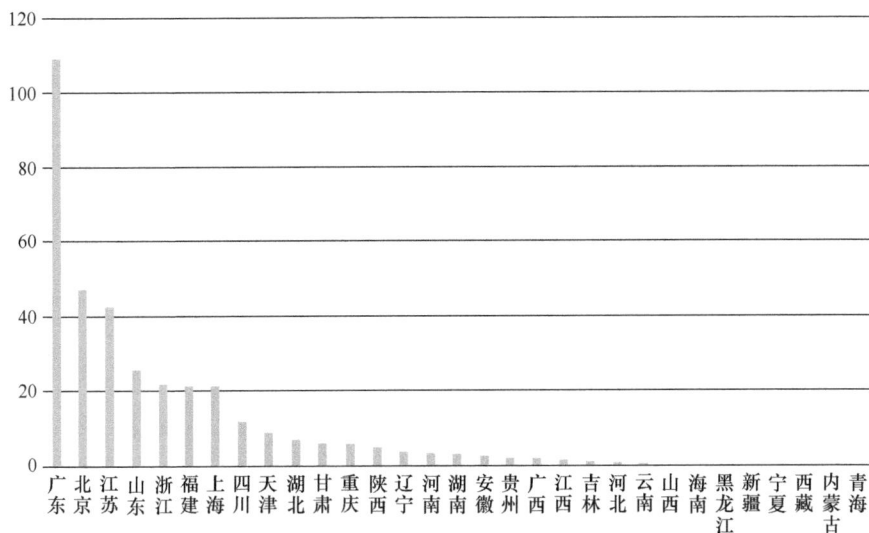

图 4-4 2022 我国部分省（自治区、直辖市）算力产业分指数

（四）分指数解析——算力技术

东部省（自治区、直辖市）算力技术分指数较高，算力创新和研发投入处于领先水平，2022 年我国部分省（自治区、直辖市）算力技术分指数如图 4-5 所示。从整体来看，广东的算力技术分指数处于全国领先地位，算力创新水平和研发投入位居全国第 1，北京、江苏、浙江、上海、山东、湖北、四川、安徽、福建位列前 10。在算力创新水平方面，广东、北京、上海位居前 3，广东、北京、上海的计算发明专利申请量和发明授权量全国领先，总数的全国占比近 70%，其中广东省近 5 年（2019—2023 年）计算发明专利申请总量和发明授权总量分别达到 6 万件和 1.7 万件，全国同期占比超过 43%。浙江、江苏、山东、湖南、湖北、安徽、河南的算力创新水平跻身前 10。在算力研发投入方面，广

东、江苏、浙江、上海、四川、湖北、福建、安徽、山东、湖南位居前10，其计算机制造业 R&D 经费投入处于领先水平，其中广东计算机、通信和其他电子设备制造业 R&D 经费投入接近1400亿元，遥遥领先于其他省份（自治区、直辖市）。

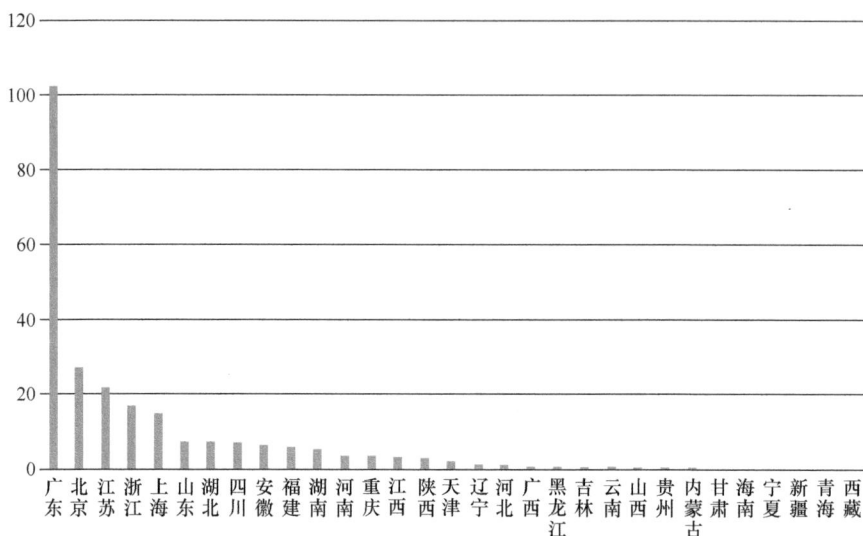

图 4-5 2022 年我国部分省（自治区、直辖市）算力技术分指数

（五）分指数解析——算力环境

京津冀、长三角、粤港澳大湾区、成渝双城经济圈四大城市群算力环境分指数较高，2022 年我国部分省（自治区、直辖市）算力环境分指数如图 4-6 所示。从整体来看，各省（自治区、直辖市）算力环境持续优化，算力网络环境不断完善，算力投入力度持续加大，数据开放程度不断提升，其中广东、北京、上海、浙江、江苏、山东排名前 6，其算力环境分指数在 70 以上，四川、河南、天津、河北跻身

前 10。在算力网络环境方面，广东、上海、江苏、浙江、北京、山东排名前 6，相关指数在 90 以上，其中广东、江苏和浙江在互联网省际出口带宽方面国内领先，上海、北京、天津、山东和广东的 5G 覆盖率居全国前列，达到 45% 以上。在算力投入力度方面，北京、广东、上海、江苏、浙江排名前 5，相关指数在 60 以上，其中北京和广东的 IT 硬件、软件和服务支出规模均于 2023 年超过 2700 亿元，其算力投入力度领先于其他省份（自治区，直辖市）。在数据开放程度方面，结合 2022 年中国开放数林指数数据，数据开放数林指数分值较高的省份（自治区，直辖市）为山东、浙江、上海、贵州、四川、北京，位居全国前 6，相关指数在 45 以上，其中浙江在准备度、数据层方面排名第一，贵州在平台层方面排名第一，山东在利用层方面排名第一。位于西部的贵州、四川在数据开放程度方面持续给出优秀表现。

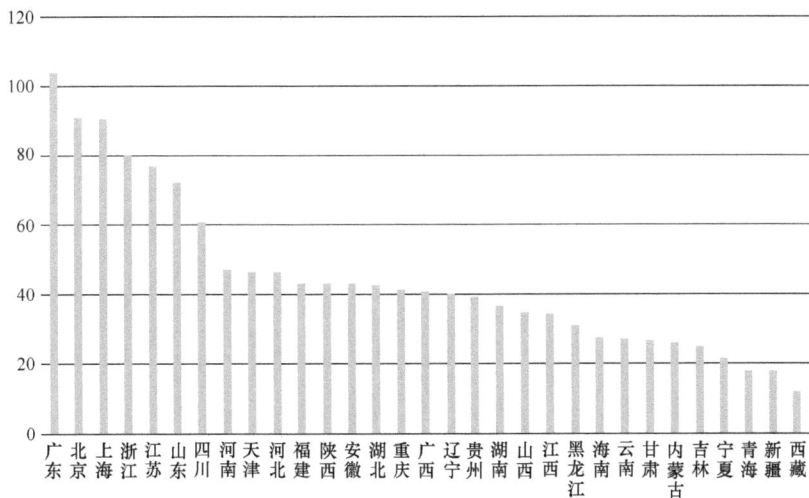

图 4-6　2022 年我国部分省（自治区、直辖市）算力环境分指数

（六）分指数解析——算力应用

我国东部沿海省（自治区、直辖市）算力应用分指数普遍较高，算力对产业数字化的带动作用进一步凸显，2022年我国部分省（自治区、直辖市）算力应用分指数如图4-7所示。从整体来看，广东、江苏、山东、浙江连续两年（2021年和2022年）排名前4。四川、河南、湖北、福建、湖南、河北分别为第5名到第10名，算力应用分指数均接近或超过50。在算力消费应用水平方面，广东、江苏、山东、浙江、河南排名前5，其移动数据流量消费规模处于国内领先地位，其移动互联网月均流量超过1.5EB，其算力消费应用水平指数超过80。2023年，广东联通已正式启用智算中心并宣布算卡用户突破5000户。在行业应用水平方面，算力为各省（自治区、直辖市）产业数字化持续健康发展输出强劲动力，对行业数字化转型的拉动作用较为明显，广东、江苏、山东、浙江、福建、上海排名前6，其行业应用水平指数超过60，其中广东产业数字化规模处于领先水平，2023年，广东产业数字化规模达到4.42万亿元，江苏、山东、浙江、福建、上海、湖北等的产业数字化规模均突破2万亿元。浙江不断强化算力在智能制造领域中的赋能作用，位于湖州的吉利星睿智算中心·智能仿真平台，可实现单车超过12 000次的虚拟安全碰撞试验，能够更快速地获取仿真数据，加速新车研发。

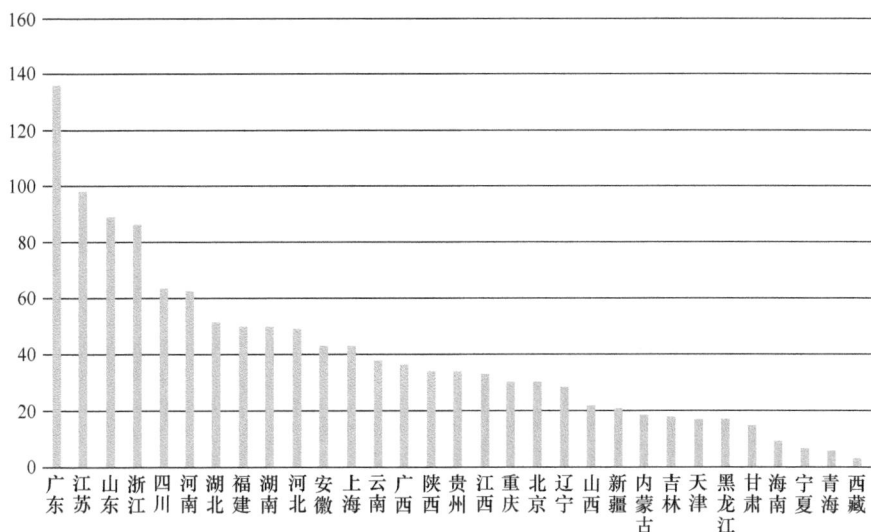

图 4-7　2022 年我国部分省（自治区、直辖市）算力应用分指数

四、经济映射：算力发展指数与 GDP 之间的关系

各省（自治区、直辖市）算力发展指数与其经济规模呈现显著的正相关，2022 年我国部分省（自治区、直辖市）算力发展指数与 GDP 之间的关系如图 4-8 所示。算力对各省（自治区、直辖市）经济发展具有强力推动作用，2022 年数字经济规模较大是地区生产总值较高的省（自治区、直辖市），其算力发展水平也较高。算力发展指数每提高 1 个点，数字经济规模约增长 570 亿元（约占全国数字经济规模的 0.114%），地区生产总值约增长 1285 亿元（约占全国 GDP 的 0.106%）。

各省份（自治区，直辖市）的算力发展类型主要分为供给驱动型、需求拉动型、协同发展型。

一是以北京、上海、广东等为代表的供给驱动型，这些省（自治区、直辖市）的算力规模和算力产业规模较大，且算力环境较好，并为其他省（自治区、直辖市）算力消费及行业应用提供算力支撑。这些省（自治区、直辖市）正在进一步绿色化、集约化地发展先进算力，并加快核心骨干网络建设，充分发挥算力枢纽作用，能更加快速、便捷地为周边省（自治区、直辖市）乃至全国提供算力资源。由于这些省（自治区、直辖市）的算力不仅供给当地，也供给周边省（自治区、直辖市），因此这些省（自治区、直辖市）算力发展指数对应的地区生产总值会高于平均算力发展指数对应的地区生产总值，其在图 4-8 中的坐标点位于拟合直线的下方。

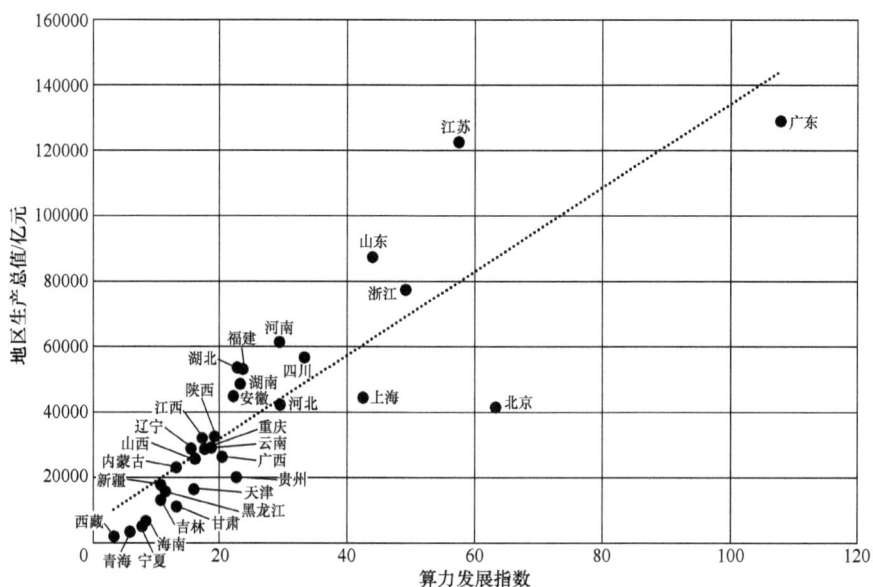

图 4-8　2022 年我国部分省（自治区、直辖市）算力发展指数与 GDP 之间的关系

二是以江苏、山东、河南、四川、湖北、福建、湖南等为代表的需求拉动型，其本地算力需求旺盛，算力消费应用水平和行

业应用水平较高。这些省（自治区、直辖市）因地制宜，根据本地实际算力需求，做好科学规划，以更具前瞻性的方式进一步推进智算中心、超算等算力基础设施的建设。由于其算力资源不仅来自当地，还来自其他省（自治区、直辖市），因此这些省（自治区、直辖市）算力发展指数对应的地区生产总值会低于平均算力发展指数对应的地区生产总值，其在图4-8中的坐标点显著地位于拟合直线附近。

三是以河北、浙江、重庆等为代表的协同发展型。这些省（自治区、直辖市）的数字经济与算力产业协同发展，并逐渐形成了京津冀地区、长三角地区、粤港澳大湾区、成渝双城经济圈等区域协同发展的布局。这些省（自治区、直辖市）一方面继续吸纳算力中心城市的算力溢出，壮大自身算力规模；另一方面持续挖掘区域内算力应用需求，充分发挥算力对社会经济发展的赋能作用。这些省（自治区、直辖市）的"算力发展指数－地区生产总值"拟合线在图4-8中基本拟合直线。

五、强市风采：我国算力二十强市概览

依据中国算力发展指数2.0的评估方法，结合我国各城市的算力基础设施规模、技术发展水平、产业应用发展水平等指标计算各城市算力发展指数，以此来衡量各城市算力发展水平，并据此给出我国算力二十强市榜单，如表4-2所示。

北京、上海算力发展水平领先优势明显。北京、上海为直辖市且具备算力发展水平领先的优势，位列榜单前两名。广州、深圳、廊坊、苏

州、重庆、杭州、天津、南京分别为第3名至第10名，其中既有东部地区核心城市，还有京津冀地区承接北京算力外溢的后发城市，还有中西部地区算力集聚城市。在算力规模方面，我国算力二十强市的总算力占全国的74%，头部城市算力集聚优势凸显。

在我国算力二十强市榜单中，广东、江苏入围城市数量最多，各有3个城市入围，河北、山东各有2个城市入围。在算力前五十强城市中，江苏、广东、河北入围城市数量最多，分别为7个、5个和5个。江苏、广东、河北分别代表长三角地区、粤港澳大湾区和京津冀地区三大城市群的算力发展水平，其算力基础设施水平、技术产业实力和算力应用规模具有明显优势。中西部地区的重庆、成都、武汉、郑州、呼和浩特入选，我国算力二十强市，随着中西部地区算力基础设施的快速部署和北京、上海等中心城市算力外溢，中西部地区城市算力发展水平还将进一步提升。

表 4-2　我国算力二十强市

排名	城市	所属省（自治区、直辖市）	排名	城市	所属省（自治区、直辖市）
1	北京	北京市	11	成都	四川省
2	上海	上海市	12	武汉	湖北省
3	广州	广东省	13	张家口	河北省
4	深圳	广东省	14	郑州	河南省
5	廊坊	河北省	15	呼和浩特	内蒙古自治区
6	苏州	江苏省	16	济南	山东省
7	重庆	重庆市	17	福州	福建省
8	杭州	浙江省	18	无锡	江苏省
9	天津	天津市	19	东莞	广东省
10	南京	江苏省	20	青岛	山东省

接下来我们按区域分析我国算力二十强市的具体发展情况。具体地，北京、廊坊、天津、张家口位于京津冀地区；上海、苏州、杭州、南京、无锡位于长三角地区；广州、深圳、东莞位于粤港澳大湾区；重庆、成都、武汉、郑州、呼和浩特位于中西部地区；济南、青岛、福州位于华东地区。

（一）京津冀地区

京津冀地区入围我国算力二十强市的城市有 4 个，分别为北京、廊坊、天津、张家口，分别为全国第 1 位、第 5 位、第 9 位、第 13 位。

北京算力发展水平全国领先，在算力规模、算力技术、算力产业等关键维度上的发展水平均处于全国领先地位。北京超级云计算中心成立于 2011 年，由中国科学院和北京市政府共同建设，由北京北龙超级云计算有限责任公司运营，依托中国科学院计算机网络信息中心建设。在 2020 年中国高性能计算（HPC）Top100 评选中，北京超级云计算中心 A 分区以 3.74PFLOPS 的 Linpack 测试性能（Rmax），位列总榜单第 3，并在通用 CPU 算力排名中排第 1 名。北京已建成北京昇腾人工智能计算中心、北京门头沟区智算中心、北京数字经济算力中心等多个智算中心，北京石景山智算中心正处于建设阶段，为北京市内企业和周边乃至全国提供智算资源。北京拥有多家国内外领先的算力相关软硬件企业，其中百度、小米等均在算力应用领域处于领先水平。百度已推出大语言模型"文心一言"和深度学习框架"PaddlePaddle（飞桨）"。在算力硬件方面，北京有龙芯中科、紫光展锐、北京君正等国内领先芯片企业。2023

年 11 月，龙芯中科发布基于自主指令系统龙架构（LoongArch）的龙芯 3A6000 处理器，其性能达到国际主流产品水平。

廊坊作为京津冀地区的重要节点城市，吸引了众多大型数据中心项目落户。例如，根据润泽科技公开披露数据，润泽（廊坊）国际信息港已建成 16 栋数据中心楼，投运机架数量超 4.8 万，总设计规模可容纳约 13 万标准机架，规划专业数据中心机房面积达到 100 万 m^2，处于行业领先水平。此外，还有华为、联通、京东等多家知名企业的数据中心项目在廊坊市布局。廊坊的数据中心项目不仅提供基础的数据存储和处理服务，还为物联网、AI、无人驾驶、VR／AR、工业互联网、智慧金融、视频直播、电商等多个行业提供柔性算力服务，云计算服务，大数据处理服务及相关系统软件的开发、生产、运营等服务。廊坊围绕数据中心产业，逐步形成了涵盖电子信息制造业、软件和信息技术服务业等领域的完整产业链。截至 2022 年年底，全市共有电子信息重点企业 137 家，实现营收 532.6 亿元，产业规模占河北省电子信息产业总规模的近 20%。

天津算力产业发展态势良好。在算力规模方面，2023 年，天津通用算力规模为 3.2 EFLOPS，超算算力规模超 1EFLOPS，位居全球前列。在算法技术方面，天津聚焦关键核心技术攻关，支持企业加快 AI 芯片研发布局，积极推进国产化 CPU、深度计算处理器（DCU）、DPU、NPU 等算力核心芯片技术路线整合和产品迭代。同时，加快操作系统、数据库、应用软件等的开发，持续推进应用软件与国产主流芯片、操作系统和 AI 框架的适配优化。天津依托天津（滨海新区）国家人工智能创新应用先导区建设，推出了"360智脑""天河天元"等大模型，这些大模型在港口智能调度、政务服务、生物医药等领域中取得应用。在算力基础设施方面，北方大数据交易中心正式投入运营，通过开展数据交易试点，推动数据资源的汇聚、流通和应用。在算力应用方面，国家超级计算天津中心积累了丰富的算力应用经验，结合滨海新区石油化工、新材料、生物医药等优势产业，发挥智能算力和超算算力的协同赋能作用。在算力产业方面，天津建设有"中国信创谷"、国家网络信息安全产品和服务产业集群，已形成覆盖服务器制造、算力芯片研发、操作系统开发、数据库管理、云服务提供、信息安全保障、AI算法设计等全产业链布局。

张家口计算产业呈现高速发展态势，尤其是在大数据和算力领域中取得了显著成就。截至2023年年底，全市已建成和部分投入运营的数据中心项目达29个，投入运营的服务器超过155.48万台，总算力规模达到约22800PFLOPS，其中，通用算力规模达到8110PFLOPS，智能算力规模达到14690PFLOPS，显示出张家口在算力供给方面的多元化算力供给能力和强大实力。张家口积极布局数据中心建设，形成了以怀来大数据产业基地、张北云计算产业园等为核心的数据产业集聚区。这些数据中心规模庞大，为张家口算力产业发展提供了坚实的基础。张家口计算产业已经形成了较为完备的产业链。对于上游产业，张家口以数据中心新建、替换和定制化需求为牵引，重点发展配电柜、服务器、不间断电源、空气冷却系统等数据中心配套设备制造；对于下游产业，张家口着力发展数据标注、数据加工、数据呼叫、数据外包服务和数据分析挖掘等增值业务。张家口积极拓展算力应用场景，聚焦城市治理、民生服务、产业发展等，规划落地了一系列重点数字化应用。例如，在教育、医疗、民政等领域中推广数字化应用；在工业领域中推动企业上云用云，实现企业生产设备和管理业务上云；在数字政务方面开发建设线上"一次办"智慧政务平台等。

（二）长三角地区

长三角地区入围我国算力二十强市的城市有 5 个，分别为上海、苏州、杭州、南京、无锡，分别为全国第 2 位、第 6 位、第 8 位、第 10 位、第 18 位。

上海市算力规模位居全国前列，上海市通信管理局数据显示，截至2023 年 9 月底，上海在用数据中心标准机架达 42.3 万个，平均上架率约为 65%，在用和在建算力总规模超过 14EFLOPS，算力综合指数全国排第3 名。在首届"华彩杯"算力应用创新大赛中，上海多项应用获奖，形成一系列"标杆应用"。上海的算力应用已逐步从互联网向传统行业、实体经济拓展，在工业、金融、交通、医疗、能源、安全、商贸、农业等多个行业中形成了一批典型应用场景。在"算力 + 城市治理"领域中，中国电信上海分公司推出的"多元算力融合应用，赋能城市治理数字化转型"项目赋能场景丰富的城市治理应用，打造了"自研 + 算法超市"应用合作生态圈，推动上海城市治理数字化进一步深化。据介绍，该项目已累计为上海 16 个行政区提供 140PFLOPS 的算力，并推广至北京、广东等地，累计 AI 应用超 39 万个，处理事件超 1000 万起。

苏州已成为全球领先的互联网数据中心产业集聚地，其数据中心总规模保持快速增长态势。据相关报道，2024年，苏州在用数据中心已建成25万个标准机架，较2023年增长23%。预计到2025年年底，苏州全市数据中心总规模将达到50万个标准机架，数据中心总算力将超过15EFLOPS（FP32），市人工智能算力中心统筹提供的智算算力将不少于3000PFLOPS（FP16）。苏州拥有一批重大算力平台，如中国移动云能力中心、昆山超级计算中心、苏州市公共算力服务平台等，这些算力平台均保持着高水平运行。昆山超级计算中心作为全国第8个国家超级计算中心，于2020年建成并投入运行，算力达400PFLOPS。苏州正在推动"三核三区两基地"的算力空间布局，即推动形成以吴江区"东数西算"算力枢纽节点起步区、虎丘区中国移动云能力中心、相城区"苏州市人工智能算力中心"为核心，以苏州工业园区、常熟市、太仓市为支撑的城市算力集聚区，昆山市、吴中区重点打造先进算力产业化基地。

杭州在算力基础设施建设方面取得了显著成果，拥有多个重要的算力中心。例如，杭州人工智能计算中心于2022年5月完成一期建设并投入运营（首期算力规模达40PFLOPS），又于2023年8月顺利完成二期扩容，算力规模从40PFLOPS增至140PFLOPS，三期项目已于2024年上线。2024年7月底，杭州图灵小镇新增的1500PFLOPS算力也已部署到位，合计算力已达2300PFLOPS，显示出杭州在算力扩容方面的强劲势头。杭州的算力建设不仅注重算力规模的扩大，还着力于智能算力的提升。智能算力能够更高效地处理语义、图像、音视频等复杂数据集，满足大模型时代 AI 技术的迅猛发展需求。依托阿里巴巴等国际领先企业，杭州的计算产业已成为推动城市经济增长的重要力量。根据杭州市统计局公布的数据，2023 年上半年杭州市生产总值达到 10137 亿元，同比增长 4.8%。其中，第三产业增加值达 7283 亿元，增速为 5.0%，这反映了以信息技术为代表的服务业对全市经济增长的显著贡献。杭州计算产业形成了较为完善的产业链，涵盖了软件开发、硬件制造、数据服务等多个环节。特别是在云计算、大数据、人工智能等领域中，杭州已经聚集了大量企业和科研机构，形成了较强的产业集群效应。

根据科学技术部公布的首批国家新一代人工智能公共算力开放创新平台建设单位名单，全国共有 9 家单位获批建设国家新一代人工智能公共算力开放创新平台，南京智能计算中心入选，并且是江苏省唯一获批建设单位。南京智能计算中心是当前长三角地区规模最大、算力最高的智能计算中心，目前该中心已运营系统的 AI 算力达 400PFLOPS（FP16），相当于 50 万台个人计算机摆在一起同时计算才能达到的算力水平。借助这个算力"智能大脑"，1 小时即可完成 100 亿张图像识别、300 万小时语音翻译或 1 万千米的自动驾驶 AI 数据处理任务。南京智能计算中心安装了 4000 多张算力卡，借助"AI 芯片 + 算力机组"的强强组合，算力可以实现指数级别的增加。更重要的是，从算力卡到服务器，整个"算力底座"的核心部件都是自主打造的，效率更高，也更加安全可靠。南京智能计算中心正向国内性价比最高、单位建设成本最低、硬件迭代速度最快的智能计算中心迈进，强力支撑南京"东数西算"枢纽建设，并进一步推进以南京智能计算中心为支点的全国智能算力"一张网"计划，联动京津冀地区、粤港澳大湾区、华中地区、西北地区的算力资源，建设智能算网新生态。同时引入产业基金，依托算力网络对接上下游企业，开展企业孵化、科研成果转化等工作，形成产业"一张网"。未来，南京智能计算中心将围绕大算力需求，聚焦头部 AI 产业，不断优化升级软件平台，使南京智能计算中心成为区域智能计算的核心平台，促进区域智能产业生态健康发展。南京智能计算中心还增加了最新的国产训练集群，可极大丰富智能计算中心支持的场景，满足了目前智能计算场景所需要的全部算力精度，同时降低了平均能耗。

无锡被誉为中国物联网之都，是国家"东数西算"工程布局中的重要节点。在推进数字技术与实体经济深度融合的过程中，多次登上世界超算之巅的"神威·太湖之光"超级计算机威力尽显。在强大算力的支撑下，"神威·太湖之光"超级计算机助力我国科研创新迈出新步伐，为诸多实体产业发展构建了核心竞争力，使我国科研领域探索出一条产业谋求转型、实现高质量发展的新路。2022 年 1 月，无锡雪浪算力中心成立。雪浪算力中心与杭州的云栖工程院、上海的海纳工程院，共同构建长三角算力集群，致力于打造世界一流的城市数据创新和公共算力的开放平台。该中心构建"工厂大脑 + 城市大脑"融合新生态，用云计算重塑制造业，助力长三角地区智能制造和数字经济高质量发展。当前，雪浪算力中心算力设施部署了上千台服务器，为广大企业提供免费的算力底层技术支撑，降低数字化创新改革的技术门槛；其数据网络通过中枢系统打破了数据孤岛和协议壁垒，实现了全球城市和产业之间的数据资源瞬间互联互通；智能引擎作为一个应用层开放生态平台，依托阿里云和雪浪小镇生态企业，并以开放生态吸引全球更多科技创新企业以自身创造的计算工具为创新公司、研究机构和其他企业提供创新算力服务，实现数据价值的最大化，加快推进城市与产业之间的多方面有效协同。

（三）粤港澳大湾区

粤港澳大湾区入围我国算力二十强市的城市有 3 个，分别为广州、深圳、东莞，分别为全国第 3 位、第 4 位、第 19 位。

广州作为我国的重要城市，其算力产业发展尤为引人注目。国家超级计算广州中心内部署了新一代国产超级计算系统——"天河星逸"（于 2023 年发布），相较于前一代系统"天河二号"，该系统的通用 CPU 计算能力、网络能力、存储能力及应用服务能力均实现了倍增。此外，"天河星逸"还支持高性能计算、AI 大模型训练及大数据分析等各类应用模式，进一步增强了国家超级计算广州中心的服务能力。广州也在量子计算领域中积极布局，广州市黄埔区举办的 2024 中国量子计算产业峰会暨量子计算开发者大会，汇聚了全国 100 多家量子计算相关单位代表，共同探讨量子科技新进展和产业化新动态。广州开发区与本源量子正式签署战略合作协议，该协议将加速推动我国量子科技研发成果在我国通信领域中的产业化应用。

深圳正在加快推进先进算力基础设施建设，以满足日益增长的算力需求。"鹏城云脑"是深圳算力设施建设的重点项目之一。该项目旨在打造高性能的智能计算平台，为科研创新、产业发展等提供强大的算力支持。目前，"鹏城云脑 III"正在建设中，并计划连接全国资源、打造核心节点。深圳作为我国人工智能产业发展的重要高地之一，其计算产业，特别是人工智能核心产业规模持续扩大。《2024人工智能发展白皮书》数据显示，2023年深圳市人工智能核心产业规模为387亿元，同比增长12.1%。这表明深圳计算产业对经济发展的贡献日益凸显。截至2023年年底，深圳人工智能相关企业达到1646家，位居全国第3位。这些企业涵盖了从基础层、技术层到应用层的各个领域，形成了较为完整的产业链。同时，深圳在人工智能领域的发明专利申请量呈现出显著的增长趋势。2023年，深圳人工智能发明专利申请量达6080件，在全国各大城市中排第2位，这反映了深圳在技术创新方面的活跃度和实力。

近年来，东莞计算产业发展呈现出快速增长的态势，尤其是在软件产业和数字经济方面取得了显著成就。近年来，东莞的软件业务收入实现了快速增长。有数据显示，2023年东莞规模以上软件和信息技术服务业企业实现营收463亿元，同比增长47.4%，增速分别高了全省、全国平均增速30个百分点，位居广东省第1位。这一增速不仅体现了东莞软件产业的强劲发展势头，还彰显了其在全省乃至全国范围内的竞争力。2024年，增速依然强劲。据东莞市统计局发布的数据，虽然具体到软件和信息技术服务业的详细数据尚未公布，但东莞整体经济规模在2024年上半年实现了5.3%的同比增长，其中第二产业（包括制造业、软件和信息技术服务业等）规模的增长尤为显著，增速达到了9.1%。这间接反映出东莞计算产业规模，特别是软件和信息技术服务业规模的持续增长。

（四）中西部地区

中西部地区入围我国算力二十强市的城市有 5 个，分别为重庆、成都、武汉、郑州、呼和浩特，分别为全国第 7 位、第 11 位、第 12 位、第 14 位、第 15 位。

重庆作为国家"东数西算"工程全国一体化算力网络国家八大枢纽节点之一，已投产多个大型数据中心，包括 2 个超大型数据中心、11 个大型数据中心和 40 个边缘数据中心。这些数据中心初步形成了以两江新区、西部（重庆）科学城、重庆经济技术开发区为核心，多点布局的一体化大数据中心体系。重庆已建成 3 个智能计算中心和 1 个高性能计算中心，为智慧城市、自动驾驶、智能制造、生命健康等领域提供强大的算力支持。重庆市计算产业蓬勃发展，截至 2022 年，全市软件业务收入达 2705 亿元，同比增长 10.5%，规模位列全国第 9 位。这表明重庆计算产业的整体规模在持续扩大，并保持快速增长的态势。全市软件和信息技术服务业企业超 3.5 万家，累计培育国家级专精特新"小巨人"软件和信息技术服务业企业 16 家、市级专精特新企业 145 家。

成都作为全国仅有的两个投运超算和智算"双中心"的城市之一，拥有国家超级计算成都中心、成都智算中心、天府智算中心等。这些算力中心为成都的智能制造、智慧城市、智慧医疗等产业发展提供了强大的算力支持。成都正在持续构建"超算＋智算＋通算＋边缘计算"的多样化、普适化、泛在化算力供给体系。未来，随着算力基础设施的不断完善，成都的算力规模还将进一步扩大。成都聚焦于高端芯片、操作系统、工业软件等领域开展关键核心技术攻关，推进人工智能、大数据、卫星应用等产业共性技术创新。并且，成都加快推动6G、量子信息、类脑智能等前沿领域的技术突破，为计算产业提供强有力的技术支撑。同时，成都推动算力资源在智能制造、智慧城市、智慧医疗、智慧金融等领域中的广泛应用。最后，成都通过算力赋能，推动重点行业的数字化转型和智能化升级，提升产业竞争力和生产效率。

武汉已建成并投运人工智能计算中心和超算中心，这两个中心共同构成了全国首个集人工智能和超算于一体的多样化云服务化算力集群，使武汉成为全国少数拥有"双中心"的城市。根据《武汉市推进算力基础设施及应用产业高质量发展行动方案（2024—2025年）》，到2025年，全市算力规模目标为达到5EFLOPS，其中高性能算力规模超过4.5EFLOPS，智算算力规模超过4.1EFLOPS，超算算力规模达到0.4EFLOPS。武汉率先启动"万兆城市"建设，构建城市级全光高速低时延算力网络，实现市内单向时延小于1毫秒，省内时延小于3毫秒，与国内枢纽节点时延控制在10毫秒以内。此外，武汉积极推动算力技术研发攻关，武汉正在组织企业、高校和科研机构，重点围绕GPU、存算一体芯片、并行分布式计算、图计算等开展技术创新攻关，努力突破集成电路核心工艺与技术瓶颈，打造自主可控的算力底座。在软件关键技术上，重点突破操作系统、数据库、中间件等基础软件的核心技术，以及云计算、大数据、人工智能等新兴软件领域的核心关键技术产品研发，构建高质量软件生态集群。

郑州积极推动算力基础设施建设，算力规模持续增长，为数字经济发展提供了支撑。郑州高新技术产业开发区已建成国家超级计算郑州中心、中国联通中原数据基地和中国移动（河南郑州）数据中心，以及200家企业数据基地，5G网络密度位居中部地区首位。此外，郑州还在推进"通算＋超算＋智算"一体化演进，加速实现算力联网调度，已形成3000PFLOPS的智能算力。郑州已落地建设了一系列重量级项目，如国家超算互联网核心节点、郑州人工智能计算中心等，这些项目将进一步提升郑州的算力水平。同时，郑州还在积极推进全域算力网一期项目建设，该项目于2024年1月15日开工，于6月26日通过初步试验，步入试运行阶段。郑州在算力技术创新方面也取得了显著成果。例如，截至2024年6月，国家超级计算郑州中心已支撑了国家级、省级项目400余个，累计服务3700多位用户，为河南重大科学研究项目和国家重大战略需求的满足提供了有力支撑。并且，郑州正在积极探索算力应用场景，推动算力与实体经济深度融合。例如，通过算力赋能，全河南省天气预报更精准、更高效；通过构建"黄河模拟器"，可精细模拟黄河全流域地形。

呼和浩特作为全国一体化算力网络国家枢纽节点城市，承担着重要的算力产业发展任务。和林格尔数据中心集群是呼和浩特算力产业的核心区域，服务器装机能力和算力总规模均位居全国前列。截至2024年年底，和林格尔数据中心集群已投用算力总规模达到50600PFLOPS，其中智能算力规模达47700PFLOPS，占算力总规模的94%，位居全国十大算力集群前列。呼和浩特开通了国际互联网数据专用通道和国家互联网骨干直联点，与全国多个直辖市和省会城市建立了直达链路，为算力产业提供了高效、稳定的网络支持。呼和浩特集聚了我国三大运营商、主要金融机构，以及华为、科大讯飞、商汤等一大批行业龙头企业，形成了算力产业上下游协同发展的良好生态。呼和浩特围绕打造"四大基地"——数据开发流通应用基地、模型训练推理基地、运营运维基地、信创适配基地，吸引了众多数据加工处理企业和运营运维企业入驻。

（五）华东地区

华东地区入围我国算力二十强市的城市有 3 个，分别为济南、福州、青岛，分别为全国第 16 位、第 17 位、第 20 位。

济南的算力规模持续扩大，智能算力规模的全国排名不断提升。据相关报告，济南的智能算力规模已连续多年位列全国前 10 强，并在 2023 年升至全国第 7 位，显示出强劲的增长势头。济南超算科技园等算力基础设施的建设，为全市乃至全省的算力供给提供了有力支撑。2020 年 1 月，济南国家新一代人工智能创新发展试验区获批建设。为加快推动人工智能产业发展，济南先后出台了《济南市新一代人工智能创新发展行动计划（2020—2022 年）》《济南市人工智能创新应用先导区建设实施方案（2020—2022 年）》《济南市人工智能产业创新发展白皮书》，济南企业神思电子发布《神思人工智能研发与应用准则》，并且，济南人工智能"1+4+N"发展模式建立。与此同时，近年来济南持续深化国家数据要素综合试验区、国家人工智能创新应用先导区、国家新一代人工智能创新发展试验区"三区同建"，深入开展"工赋泉城""AI 泉城"赋能行动，济南的工业互联网平台加速扩规提质、人工智能计算中心加速投入运营、人工智能岛加快建设，济南入选中国 AI 创新之城 20 强，人工智能发展潜力跻身全国前 3 名。

福州大力支持国家级大数据资源汇聚，推动数据中心资源规模化集聚。东南大数据产业园作为重要载体，吸引了大量数字经济企业入驻，包括中国移动（福建福州）数据中心、中国电信东南信息园、中国联通福建产业互联网科技园等。福建省人工智能计算中心也在福州积极推进扩容建设，总体规划算力达 400PFLOPS，这将显著提升福州的算力水平，为福州数字经济发展提供强大支撑。福州不断巩固提升"双千兆"创评成果，加快 10G-PON 设备规模部署等"双千兆"网络基础建设，深入推进 5G 专项建设，加快 5G 网络在重点场所的深度覆盖。同时，福州还加快标识解析体系建设与规模应用，力争其在工业互联网等领域中得到更广泛的应用。

青岛的总算力规模已超过 2.5EFLOPS，并且在持续扩大。根据《青岛市人工智能产业创新发展行动计划（2024—2026 年）》，到 2025 年全市智能算力规模将达到 8EFLOPS，2026 年更是将达到 10EFLOPS。这一规划彰显了青岛在算力基础设施建设方面的雄心壮志和实际行动。目前，青岛初步形成了以崂山区人工智能产业园为主承载区，以西海岸新区青岛光谷软件园、市南区元宇宙产业创新园、市北区浪潮大数据产业园、城阳区数据要素产业园和青岛高新区机器人及智能装备产业园为特色承载区的产业布局。这种"一核两翼多点"的产业布局模式，有助于实现资源的优化配置和产业的协同发展。青岛已集聚了 500 余家人工智能产业链企业，在智能家居、智慧交通、智慧医疗、智能机器人、智能制造和智能硬件 6 个应用领域中具有先发优势。同时，青岛还吸引了中国移动、中国联通、中国电信等国内主流运营商，以及阿里云、腾讯云、华为云等国内外知名算力企业的入驻和布局，进一步丰富了青岛的计算产业生态。并且青岛已汇聚了超过 20 个重点研发的大模型产品，如奇智孔明工业大模型、海尔智家 HomeGPT、"橡链云聊"大语言模型、"瀚海星云"大模型、"问海"预报大模型等。这些大模型在工业制造、智能家电、橡胶轮胎、社会治理等细分行业中率先落地应用，推动了相关行业的数字化转型和智能化升级。

第五章

算力应用场景及案例

根据技术特点和应用场景，先进计算应用可分为通用计算、智能计算、高性能计算 3 类。其中，通用计算指具有强大计算性能和良好通用性的个人计算机、服务器等，其核心芯片一般指 CPU。它们可以作为在云计算、边缘计算等主要场景中的计算载体来使用。智能计算是一种新的计算范式，包括人工智能技术与其计算载体。目前，其计算载体以 GPU 芯片为主，除 GPU 芯片以外，FPGA、ASIC 等类型的芯片也被广泛应用于智能计算当中。智能计算被广泛应用于智慧交通、基础科学研究、金融风控等场景。高性能计算指一系列具有超强运算能力的计算机系统，其发展历程伴随着 CPU 等通用计算芯片的发展。近几年，随着 AI 算力需求的高速增长，传统超算纷纷采用 GPU 等协处理器技术，使其与智能计算的界限越来越模糊。高性能计算专门为科学计算、工程应用和商业应用以及教育领域等需要以超快速度处理大数据量的应用场景而设计。

一、通用计算与云计算

在商业和技术领域，通用计算任务常通过云计算服务交付，云平台提供的通用计算服务利用虚拟化或容器技术实现资源的弹性分配，以满足不同业务场景的需求。云计算服务提供商（如 AWS、Azure、阿里云等）所提供的虚拟服务器、容器服务等都是典型的通用计算服务实例。

（一）大数据处理与分析——基于一云多芯的政务云平台

随着算力基础设施的不断完善，算力逐步开始赋能千行百业，以云服务为主要代表的算力服务不断普及，涵盖应用、软硬件产品和设施等的产业生态不断完善，有力地促进了各领域数字化转型。本案例聚焦政务云平台规划不科学、管理效率低下，系统性能瓶颈、应用孤岛现象严重和过度依赖不同软硬件产品等问题，提出建设"基于一云多芯的政务云平台"的方案，通过科学规划实现"互联网＋政务服务"等关键功能，利用对大数据的处理与分析，推进城市治理体系和治理能力现代化；政务云平台底层建设全面应用国产基础软硬件，兼容多种技术路线，承载各类政务应用系统，实现政务云平台全面升级。本案例以服务器为算力基座，搭载云平台及其他基础软硬件产品。平台建设采用"分层解耦、异构兼容"的总体架构，综合应用虚拟化、容器、裸金属等技术，通过构建物理分散、逻辑一体的"一朵云"，实现政务基础设施云平台"一云多芯"架构下的x86、ARM、LoongArch等不同技术路线设备的动态扩展与资源的弹性伸缩，保障算力的高效供给。

硬件层面，平台采用创新技术，依托高性能服务器搭建了算力底座。该服务器采用高性能处理器及大量自研元器件，整机关键器件的创新程度大幅提升。

软件层面，云平台利用创新技术，对多种技术路线的服务器进行统一管理，实现"一云多芯"。配置服务器虚拟化系统、分布式存储系统，并为

119

分布式软件提供全局授权，该配置支持网络虚拟化功能，包括虚拟局域网（VLAN）、虚拟扩展局域网（VxLAN）、安全组、虚拟路由器、虚拟防火墙等。还要配置多云管理平台，以满足中等规模的虚拟化用户和超融合用户的上云需求。通过接入虚拟化管理平台北向接口，多云管理平台实现对多套服务器虚拟化资源池、超融合资源池及其他虚拟化资源池的统一管理。同时，多云管理平台构建了适合云服务模式的多租户、用户分级管理体系，使用户可以通过标准审批流程自助创建云主机等云资源，使云数据中心管理员的运维工作大大简化，企业信息基础设施的运行效率大幅提升。

其中，政务云平台的主要技术创新与突破有以下几个方面。

（1）新一代开放架构云

本案例的建设方案采用了当前云计算领域较为主流的虚拟化技术。开源技术架构和虚拟化技术为用户提供了更广泛的技术选择，拓宽了用户的技术选择范围。虚拟化云平台在自身的南北向对接方面展现出了良好的开放性和兼容性，南向对接服务器硬件平台，使虚拟化技术可直接部署在具有不同 CPU 技术路线的服务器之上。

（2）超大规模部署能力

云平台具备单一集群大规模纳管能力，能管理超过 2 万个虚拟机，实时监控指标超过 10 万项；它还支持虚拟机生命周期管理、网络配置与路由变更、存储资源分配、用户认证请求等 1000 多个并发操作；它的弹性扩展框架，可实现多集群资源的协同管理；它还能预判超大规模场景下可能出现的问题与性能瓶颈，并及时采取措施加以解决与优化，从而提升系统的稳定性和增强系统的可维护性。

（3）多架构混合云管理

该平台可对已有 x86 云平台与新架构的虚拟化云进行统一管理，符合企业在技术创新过程中从易到难逐步推进、从非关键业务到核心业务逐步应用新技术的创新需求，保证用户业务的平滑过渡，简化创新技术的实现路径；其云管理平台具备南北向开放能力，避免了技术绑定，为未来用户接入公有云、其他第三方云操作系统和运维管理系统等提供可能。该平台通过研发高性能存储，在 I/O 栈进行了全方位的性能优化，优化了从虚拟磁盘到物理磁盘的数据传输通道，刷新了两路服务器上的虚拟化软件性能测试的记录。

（4）创新技术高端服务器自主设计

围绕整机服务器的多路可控处理器堆叠应用所带来的硬件架构设计难题以及高速信号设计与测试、可控芯片电源完整性设计与测试、互联性能优化调整设计等方面的技术难点，研发团队研制出了一套可控的软硬件自修复系统架构，该架构采用多层次内存数据访存技术和异构混合内存技术，解决了内存性能和磁盘性能不匹配的问题，打破了国外系统监控固件的垄断局面。服务器的稳定性、可靠性和可用性得到了大幅提升，有力推动了服务器的自主研发进程。

该案例在商业应用和社会经济发展方面具有重要价值。该案例聚焦创新技术高端服务器整机领域，以解决方案为依托、以行业应用场景为导向，联合产品、方案、服务领域的合作伙伴，构建起具备"全路线、跨平台、多层次"特性的创新技术产品生态体系。该生态体系带动了零部件、软件和外设等创新产品生态链协同发展，打消行业客户在电子政务、高性能计算、关键应用处理等关键领域应用时的顾虑，助力用户构建安全可控的大数据处理与分析平台管理体系，满足各行业的云计算、大数据、人工智能等场景应用需求。

（二）工业大脑先进计算平台与应用

先进计算应用促进了新旧动能转换。算力的持续投入和算法模型、软件应用的快速演进为产业的数字化转型提供了强劲动力，直接改变了传统生产方式，从而加速了新旧动能的转换。劳动者从单纯依靠人力工作转变为"人＋AI"协同工作，采用这种"人机协同"工作模式的劳动者数量呈指数级增长；劳动对象从工业时代单纯的工业产品向"产品＋数据"转变，并且在生产和使用过程中产生的数据量越来越多；劳动资料从传统的工业设备向"工业＋信息"设备迈进。在算力的加持下，工业数据的价值得以加速释放，智能引擎可以更好地优化生产资源、重构生产流程，提高制造业生产力。随着算力、算法、高速互联的发展，"车路协同""车网互联"的智能网联汽车正加快发展，"安全、畅通、低碳、高效"的交通网络正在加速构建。

工业大脑先进计算平台与应用依托计算存储一体化软硬件平台（包括高效计算服务器、AI服务器、工控计算机、工业服务器等先进计算技术产品），搭载国产芯片作为技术底座，搭建工业大脑的高效环境。从工业资产数字化、业务流程高度自动化、服务智能化和决策科学化等维度出发，建立工业智能先进计算范式及高效服务模式，取得了缩短产品生产周期、提高设备利用率，进而提升生产效率等显著成效，有效赋能行业转型。

工业大脑先进计算平台与应用主要技术创新与突破有以下几个方面。

（1）云边端高效协同作业一体化管控系统

为了解决工业大脑核心技术底座的自主可控问题，研发团队研制出了工业大脑云边端高效协同作业一体化管控系统，该系统可自动适配高效计算服务器、AI服务器、工控计算机、工业服务器等先进计算技术产品，其具体功能包括：①系统支持云边算力资源自适应系统，可适配国产全栈主流硬件、云操作系统以及边缘端轻量化芯片和嵌入式系统，并实现算力资源的自适应协同调度；②系统支持异构算力自适应调度与优化系统，可构建大规模异构算力可靠稳定运行图谱，实现大规模任务的作业调度、实时监控，并对任务执行进行优化；③系统支持基于拓扑分拣定向循环图的多任务工作流设计自适应分布式并行调度器，该调度器可使任务参数服务器与资源管线动态精准匹配，使多任务弹性管线与异构资源团簇自适应匹配和精准管控，还具备任务序列计算容量自动负载均衡、动态交换和故障自动切换等功能。

（2）多领域亿级产业脑认知图谱系统

为解决制造数据质量和可靠性方面的问题，研发团队研制出了基于"神经 + 符号"的多领域亿级产业脑认知图谱系统，其具体功能包括：①系统支持基于符号逻辑表示的大规模图数据库管理系统，可创建52个细分产业领域知识图谱，数据存储容量得到极大扩展；②系统支持基于图神经网络的认知推理计算系统，可进行语义标注、实体识别、关系抽取、概念挖掘和属性抽取归一处理等操作，进而实现工业机理知识的认知计算；③系统支持全领域知识开放共享的数据交换系统，可实现不同领域、不同行业企业端和政府端产业数据的高效采集、有效整合及可信的开放共享。

（3）产业大脑认知建模、推演及模型验证管理系统

为解决工业领域的知识和数据双重驱动的精准建模分析问题，相关团队采用人工智能的多元博弈推演技术，正在开展产业大脑认知建模、推演及模型验证管理系统的研制工作，其实现功能包括：①系统支持复杂动态场景态势智能感知系统，可实现对52个细分产业领域场景多样性运行态势的精准感知与编码，并构建阐释经验的特征库；②建立工业要素主体运行态势决策评估模型库，通过采用认知推演技术，系统能够实现对产业运行态势的预判、推理、评估、运行分析、实时监测，为创新路线提供支撑，并以全景式可视化呈现，同时可完成该模型库的构建、评估以及场景的自适应适配；③系统支持构建管控机理模型库并采用开放管理模式，能够协同不同领域、不同行业的企业端和政府端，构建工业"强基础、补短板、防风险"等保障体系。

该案例在商业应用和社会经济发展方面具有重要价值。通过全面打通整个产业链并协调供需，企业可以简化其运营流程，从而降低运营成本，实现运营效率提升；平台将促进企业之间的协作，推广关键技术共享和协同制造，带来创新和提高产品/服务质量，实现企业间的协同数字化转型。平台可以帮助企业优化供应链运营流

程，预期供应链运营效率可提升 10% ～ 20%。通过优化供应链管理和生产过程，企业能够减少能源使用和碳排放，预期碳排放量可降低 15% ～ 25%。

二、智能计算

（一）基于高性能 AI 芯片的边缘网关精准采集商圈客流画像与偏好数据项目

基于先进计算技术建设的城市大脑已成为赋能城市治理能力提升与治理体系现代化的重要底座。作为智慧城市中枢系统，城市大脑的诞生促使基础设施向智能化发展。智能计算中心作为承载智能计算需求的算力中心，其建设成为技术发展和需求变化的必然趋势。随着人工智能的快速发展，传统面向通用计算负载的 CPU 架构已经无法完全满足海量数据的并行计算需求，可满足异构计算、加速计算、可编程计算等人工智能并行计算需求的智能计算中心为城市大脑提供了更多可能。

城市大脑通过运用智能计算、边缘计算、高性能计算等先进计算技术，对城市全域运行数据进行实时汇聚、监测、治理和分析，通过模型训练，全面感知城市生命体征，辅助宏观决策指挥，预测预警重大事件，配置优化公共资源，保障城市安全有序运行，支撑政府、社会、经济数字化转型。

本项目在各商业中心部署搭载高性能 AI 芯片及人体结构化算法的边缘网关，这些边缘网关与智慧商圈运营管理平台联通。将商业中心内、外部的视频流接入该边缘网关，在保障不侵犯消费者隐私的情况下，平台可分析商圈客流的年龄、性别、同行关系、游逛轨迹等数据，深入挖掘商圈消费偏好，助力搭建基于真实数据的智慧商业大脑，支持其更科学地完善商业体系、优化商贸流通产业布局、指导城市商业网点规划、拟定并实施促消费政策。

各商业中心通过精准客流系统的软件和硬件，将数据开放接口提供给商业大数据平台。其中精准客流系统的硬件内置有高性能 AI 芯片的边缘网关，经过大模型训练，该系统的软件可将从视频流获取的人体（不含人脸）图像转化为结构化数据，并基于行人特征识别技术，实现特定时间段内跨摄像机、跨区域、跨时间的人体匹配，为商圈的所有消费客群建立行为档案，记录其线下行为，包括入场时间、离场时间、游逛路线等。然后对其行为进行分析，得出游逛客群的游逛频次、单次游逛时长、游逛深度等分析结果。将这些信息进行聚类分析，得出不同消费者群体的行为特性，为商圈运营、业态优化、营销活动提供数据支持。

本项目的主要技术创新与突破有以下几个方面。项目采用了智能边缘网关的部署方式，该边缘网关搭载了高集成度、高性能、低功耗的系统级芯片，采用国内领先的 AP 级通用 SoC，可快速实现通用算力和专用算力的扩展。

本项目具有重要的社会经济价值。项目覆盖了主要商业中心，精准描绘了商圈内消费者的画像及分析出其偏好，实现了在政府决策支持和企业商业运营方面的价值闭环。基于丰富、精准、实时的商圈客流数据，项目能够助力政府开展科学的分析与决策，推动战略规划、落地及运营验证的闭环式优化。同时，商圈整体的客流趋势数据也可共享给企业，助力各商业中心深度洞察商圈客群特征，并在政府部门的统筹协调下，优化竞争格局，促进商圈的共同繁荣发展。此外，相关部门将商圈客群的相关数据信息上报至商务部门的有关平台，助力商务部门开展更高维度的对比分析与数据挖掘工作。

通过项目建设，政府和企业可以更精准地洞悉商圈消费偏好，项目还能帮助商圈运营者更有序地开展资源诊断与配置、政策发布、IP 营销等工作，从而实现中心商圈人流量的大幅增长。

（二）基于数据流 AI 芯片的生活垃圾全过程分类物联感知系统建设项目

目前，城市大脑通过运用智能计算、边缘计算、高性能计算等先进计算技术，对城市全域运行数据进行实时汇聚、监测、治理和分析，全面感知城市生命体征，并通过对大数据进行深入分析及合理的逻辑演绎，为宏观决策指挥提供有力的辅助支持。

基于数据流 AI 芯片的生活垃圾全过程分类物联感知系统建设项目旨在解决超一线城市生活垃圾管理中存在的产生量较大、分类困难、处理棘手、监管难等问题。项目通过运用移动互联网（含 4G/5G）、物联网、大数据、云计算、人工智能等技术，获取城区垃圾分类覆盖率、居民参与率、投放正确率等数据，实现对生活垃圾分类全过程的动态智能监管服务，进一步提升城区生活垃圾分类精细化智能管理水平，达到了提高生活垃圾分类质量、促进再生资源增量和有害垃圾减量的效果，为新型智慧城市精细化管理赋能，保障城市安全有序运行，满足日常民生需求。

本项目基于 5G 专网、人工智能和物联网等技术，在基础设施层的生活垃圾分类前端，部署 RFID（射频识别）读卡器、RFID 标签、摄像机、智能分析盒等设备，采集生活垃圾全过程分类物联感知数据，并通过相应的数据传输链路，将这些数据统一接入视频联网及智能应用平台、物联感知平台和 AI 中台，再借助大数据平台实现数据的互通共享，打造集分类垃圾收运预约、前端投放数据采集、中端分类收运监控和末端处理监管于一体的生活垃圾全过程分类物联感知系统。

本项目的技术创新与突破主要有以下几个方面。项目采用前端摄像头和云端分析服务相结合的模式，借助 5G 专网的高速数据传输能力与 AI 集中计算模式的强大分析能力，构建了一套事件采集和处置闭环管理机制。项目采用国产数据流 AI 芯片，该芯片具有高算力性价比和软硬一体的独特优势，让项目的整体算力投入相较于其他项目更低，但效果更优。

本项目采用的底层 AI 算力芯片基于可重构数据流技术，通过将数据计算过程与数据流动过程有机融合，减少了计算单元的空闲时间，从而最大化地利用了芯片计算资源，最高可实现 95.4% 的芯片利用率。与国际同类产品相比，该芯片在实测算力方面取得了显著的技术突破，为 AI 应用提供了具有极致性价比的算力供给。

本项目构建的系统在投放点将具备智能识别垃圾不分类投放、不破袋、垃圾落地、垃圾溢出等垃圾分类不规范行为的 AI 督导功能。当这些不规范行为发生时，系统平台会自动生成告警信息，并及时推送给相应责任人进行整改，最终形成闭环处理流程。项目建成后，人工投入及项目运维投入至少缩减 20%。本项目可覆盖 3000 个投放点，为城区垃圾分类智能化监管提供有力支撑，也为全市生活垃圾全过程分类物联感知系统建设提供了先进的经验范例。未来，该项目将在更多区域、更多关联场景中发挥作用，助力形成可复制、可推广的整体智治格局。

（三）基于 AI 芯片支撑体育教育姿态识别需求项目

2022 年以来，AI 与行业的融合渗透不断加深，成为基础科学研究、教育等领域实现创新突破的有力支撑，基于多种智能计算技术的各类应用场景逐步进入实际落地推广阶段。本项目基于人工智能、物联网、大数据、云计算等技术手段，将"量化"的科学管理理念与专业的运动训练及康复技术深度融合，实现训练、测试、评估等环节的信息化管理。与相关各方合作，共同推动运动训练及康复领域的项目建设，助力经济社会在体育产业、健康服务等方面的发展与转型。

在具体实施过程中，AI 借助视觉技术捕捉人体动作姿态，结合算法能精准分析出人体关节点的位置信息及运动轨迹，它还可以对正在进行运动训练的人员进行实时动作分析与识别，为所进行的训练项目提供更高效、智能、实时的训练方案和评价。AI 测评系统的识别功能可以对学生的运动过程进行全方位动态监测与评估，并及时给予针对性的训练指导，从而为每个学生量身定制个性化的训练方案。借助穿戴设备，在课前，教师就能够全面了解每个学生的身体状态及运动能力，进而进行有针对性的备课，精心设计课堂活动。在课中，教师通过设备的动态心率监测等功能，实时掌握每个学生的运动健康状态，一旦出现预警情况，能够及时进行干预，有效保障运动安全。同时，通过设备直观展示运动强度、运动密度等数据，使运动负荷的把控有明确的依据。系统依据学生的相关数据进行智能分层，辅助教师开展分层教学，确保每个学生都能实现"科学流汗"，切实提升课堂活动质量。此外，传统体育难量化、难评估的问题也得以解决，AI系统能够在课堂活动过程中实时生成多维度报告，使教师及时了解班级学生的共性薄弱项；并且通过智能预警功能，能够精准定位每个学生的薄弱项，为个性化辅导提供支撑。通过这样人机共教的方式，教师可以更好地关注学生的个体差异，实现体育教学中的因材施教。

目前，本项目在姿态分析领域已实现应用，姿态识别技术被广泛应用于体育教学、专业训练、艺术培训等场景。利用视觉感知系统，本项目对运动姿态进行多维度精准评估，从而帮助学校对体育教学过程进行量化管理，进而实现分层教学。另外，姿态识别技术也可用于校园安全管理。该技术可对校园内的危险行为、违规行为进行自动判定，并及时锁定相关人员，为维护校园安全提供有力保障。

本项目的主要技术创新与突破有以下几个方面。

（1）主要技术创新

该项目采用中心化计算部署模式，部署在中央计算服务器内的计算单元能够拉取端设备的视频流，在对视频流进行推理分析后，生成相应的特征流。项目支持多路负载均衡及多卡并行计算。通过对数据传输方案进行优化，项目可实现多路视频与计算卡之间的动态映射。本项目可支持多种模型，能够实现包括检测、姿态识别等在内的多个算法模型的多实例组合应用。项目还能够实现数据处理流水线（pipeline）的多并发处理。本项目还具有一项独特的功能，即在姿态识别的基础上叠加人脸识别技术，能够自动锁定违规人员的位置。

（2）技术突破

本项目采用高性能自主通用 GPU 芯片架构。芯片采用通用 GPU 技术路线，兼容 CUDA，支持 FP32/FP16/BF16/INT8 等类型的多精度混合计算，从而实现了高通用性；芯片采用 SIMT 并行架构，配置 4000 个类 CUDA 核，从而实现了高算力。本项目可设计自主通用 GPU 指令集，该指令集支持 500 多条指令，能够充分满足智能应用对算力芯片的多样化需求。

本项目采用自主通用 GPU 软件栈。本项目研发的面向智能应用的自主 GPU 指令集、驱动与运行时、编译器与工具链、基础库等通用 GPU 系统软件，不仅支持多种国内外主流深度学习框架，还实现通用 GPU 系统软件从底层指令集到上层应用框架的全链条突破。

通过上述解决方案，我们构建了具有高分辨率、高吞吐量的姿态识别、检测与分析能力的教育应用场景，使边端侧部署方案整体成本降低了20%。

本项目的实施可全面提升人工智能、先进计算等产业链、供应链的安全保障能力。项目利用人工智能、新材料、5G与物联网通信、大数据等技术打造了"育能智慧操场"，将"计量学"引入体育教学，服务于体育教学中的"备、教、学、评、测、管"各个环节。本项目构建的系统可提供整体与个体多维度解决方案，从而提升了体育课堂的安全性、科学性与针对性，提高了教学效率与学生参与度。从长远来看，项目最终实现了运动伤害防护与青少年运动健康管理的预期目标。

三、高性能计算

（一）基于超算平台的遥感影像统筹及卫星应用系统

在科学研究中，研究人员可以利用计算机发现、再现和预测客观世界运动规律及其演化特性的全过程。这一过程包括建立数学物理模型、研究计算方法、设计并行算法、研制应用程序、开展模拟计算和分析计算结果。科学计算需要处理的是科学研究和工程技术中所遇到的与数学方程或数据相关的计算问题，如天气预测、气候模拟、地震预测、核爆炸破坏强度计算、飞机设计、汽车设计、水坝设计等，都广泛应用了科学计算的方式来解决实际问题。

天气预测和气候模拟是非常复杂的过程，涉及大量的物理、化学和流体动力学方程。为了"运行"一个模型，科学家需要将地球划分为一个三维网格，应用基本方程对每个网格内的相关参数进行计算和分析，从而评估得出结果，这些模型需要充分考虑大气、海洋、陆地表面和冰层之间的相互作用。在气候模拟中，高性能计算提供了强大的计算能力，使模型能够迅速地进行运算；大数据处理则确保了绝大多数气候数据可以被充分利用；而人工智能技术可以用于优化模型，预测气候变化或者寻找气候数据中的潜在模式。例如，基于光子计算，利用光子传输速度极快的优势分析大规模气候模型，可大幅提升计算速度并有效降低能耗；而利用集成了深度学习加速技术的 AI 可扩展处理器不仅可以提高 AI 工作负载的性能，还为确保模拟的准确性和效率提供了关键的技术支持。

本系统依托超级计算平台，汇聚多源异构的海量航空、航天遥感影像数据，这些数据来源涵盖全球 159 颗主流遥感卫星。系统收录了卫星对应的影像元数据和 20 世纪 60 年代至今的国内外影像数据，实现了 2m 级影像的月度基本覆盖、1m 级影像的季度全覆盖、0.5m 级影像的年度全覆盖。本系统在自然资源调查监测、国土空间规划、地质灾害调查监测等业务领域深入应用，为自然资源、农业、应急等政府部门及相关行业提供数据和服务资源。目前，本系统已向各单位累计推送原始卫星影像近 76.30 万景、低精度正射影像产品超 53.34 万幅，数据价值约为 122.13 亿元，为相关单位节约资金超 118.98 亿元。

本系统以"研发遥感产品（借助高性能计算）—建设卫星云遥系统—推广应用及管理决策"为主线，主要技术创新与突破如下。

（1）中心化的卫星数据供应模式。本系统真正打通了一对多的中心化卫星数据链路，通过云端接口实现了国内主要卫星供应商到省卫星中心全天候、无人值守的实时数据传输和数据更新。

（2）卫星资源的一站式目录检索。系统的"全球检索"功能可以零门槛一站式搜索所需的数据目录，快速查询到数据源和卫星数据来源，解决了以往需逐个访问卫星官网查询数据的烦琐问题。目前，该系统已入库超两千万条原始卫星数据。

（3）全天候自动数据处理和服务。本系统构建了全球网格索引机制，依托国家超级计算中心的算力优势，实现了遥感影像数据免切片发布，使卫星遥感数据实时发布成为可能。本系统重点突破了影像免切片快速发布技术，实现了卫星影像数据无冗余的发布，能够将影像数据发布时间从常规的数十分钟压缩到几分钟以内。目前，该系统发布了自1960年至今所有国产陆地公益卫星的单景快速动态服务产品，能够零门槛服务于各类调查监测及满足各行业的业务需求。

（4）智能化卫星轨道仿真预测，打造行业领先的调度模式。卫星云遥轨道仿真及预测模块基于WebGL开发，可在3D地球中呈现遥感卫星轨道。通过实时同步卫星测控机构获得全球主流159颗遥感卫星两行轨道数据（TLE）参数，该模块可对轨道进行实时修正，提高预测准确度。本功能可在指定行政区、指定时间段内预测所有遥感卫星的过境及覆盖情况。此外它还考虑了不同卫星的测摆能力，在国内首次引进气象云图的精准拍摄预测模块，该模块能够提供15天的气象云图和卫星轨道预测信息，尤其是针对某些地方多云多雨的天气，它能够有效评估卫星全覆盖率。

（5）自动检测和提取的业务应用，打造零门槛AI识别入口。本系统较早地将遥感影像自动变化检测和自动提取算法应用于实际业务，打通了技术链，提升了自动提取的准确度，显著减少了人工筛查的工作量。

本系统在科学研究应用方面起到了示范作用，构建了全省"1+N"卫星监测工作机制，用于开展对违法用地、耕地数量、农民建房等方面的监测，实现全面的数据和技术保障。此外它还应用于审计、水利、自然资源、国土空间规划、地质灾害等领域的多项专题监测业务，为自然资源、农业、应急等 20 余个厅局及相关行业提供数据资源和服务。本系统使数据获取的成本更低，数据更新更有保障，为地理空间大数据的发展奠定坚实基础。

（二）城市信息模型（CIM）多源异构大数据系统

CIM 多源异构大数据系统是基于超级计算、云计算、大数据、人工智能、物联网五大融合基础设施环境构建，整合 GIS（地理信息系统）、BIM（建筑信息模型）、IoT（物联网）等，形成的多源异构数据体系。该系统调用各类城市管理数据，运用影像处理、模拟仿真、高清晰度渲染显示等技术，深入推动数字孪生城市智能仿真应用落地。智慧城市建设秉持统筹协调、集约建设、注重实效、创新发展的原则，构建"1+3+N"框架体系，即建设 1 个智慧城市大脑，推进数字呈现、实景呈现和多场景呈现 3 类呈现方式，打造 N 个智慧应用。基于 CIM 构建可以承载智慧城市大脑的数字空间城市底座，推动信息化与智慧政务、智慧经济、智慧城管和智慧民生深度融合，提高政府决策、管理和服务水平，精准提供数据产品和服务，实现城市规划建设、政务管理、招商引智、安全保障等业务信息的直观获取和精细化管理，使 CIM 应用逐渐向智慧城市管理端延伸，形成"可管、可展、可用"的智慧城市综合应用管理服务平台。该平台的典型应用包括城市火灾风险预警系统和气象灾害预警机制等。依托智慧城市CIM数字底座，构建城市火灾风险预警系统，实现了市、区、街道3级火灾风险预警，针对重点场所和高风险区域进行精准预警。同时，针对城市内涝、大风、大雪、冰雹4类气象灾害建立专项预警机制，为消防救援、监督检查工作提供了数据支持与决策参考。

本系统的主要技术创新与突破有以下几个方面。

（1）构建的五大融合基础设施环境，支撑基于CIM的城市建设。本系统基于超级计算、云计算、大数据、人工智能、物联网构建的五大融合基础设施环境为多领域、多行业提供高端的新型技术服务与应用支持，具备km级城市三维场景的搭建和还原能力，保证CIM平台运行的流畅性和数据的实时交互。

（2）多源异构大数据的汇集融合。本系统能够无缝对接地理信息数据、城市规划数据、BIM数据，并将BIM数据无损加载到城市三维场景中。一是GIS+BIM应用。本系统突破了BIM主流数据无损接入、BIM数据到GIS平台精准匹配、超百万级BIM实时绘制等关键技术瓶颈，实现了BIM数据与三维模型的无缝对接，借助三维模型，BIM数据可在GIS平台中开展分析及运算，推动了三维GIS向建筑、桥梁、隧道等大型工程应用领域的发展，为GIS+BIM应用提供了有力的技术支持和平台支撑。二是GIS+倾斜摄影模型。本系统通过进一步提升设计引擎对倾斜摄影模型的数据构建、运算和处理能力，打破了传统GIS在倾斜摄影三维空间数据融合和分析计算等方面的局限，实现了大规模三维场景的精准构建，解决了 GIS 应用底层数据处理环节的诸多难题，大幅缩短了项目的建设周期。三是 GIS+BIM+ 业务系统数据。本系统通过创新图形图像表现模式，基于 GIS+BIM 三维模型开发数字孪生可视化交互系统，对业务系统数据进行了分类、分级、分层的互动展示与呈现。四是 BIM+IoT。BIM 为 IoT 应用奠定基础，本系统通过解决 IoT 应用在深入建筑物内部过程中遇到的难题，借助 BIM 和 IoT 技术，实时掌握 BIM 和 IoT 之间的互联互通信息。

（3）三屏联动的 CIM 平台。本系统在传统 "GIS+BIM+IoT" 技术架构的基础上，推出 "三屏联动 CIM 平台"，即大屏 "智慧城市 CIM 数字孪生平台"、个人计算机屏 "CIM 城市信息聚合规建管大数据平台"、移动屏 "智慧城市 CIM 数字孪生平台"。三大平台均立足于虚拟的三维场景，再结合可视化的数字信息，构建逼真的虚拟建筑场景，虚拟建筑与真实建筑立面保持一致。通过这些平台，用户不仅能够对虚拟建筑内外场景进行实时漫游，模拟一天 24 小时的光照变化，对周边环境进行 1:1 还原，使其与真实的场景毫无二致；还能够对虚拟建筑进行大小缩放，分层分间查看，还能够对虚拟建筑进行平面 360° 旋转和立面 180° 旋转。系统基于物理空间中的一一对应关系，将现实信息与系统场景无缝叠加，呈现出了最为直观的现实效果。此外，系统还突破了移动端手机算力、带宽速率瓶颈以及操控局限等难点，利用模型轻量化和场景轻量化技术，将大屏端可视化平台的各项成果移植到移动设备上，打造出可随身携带的 "智慧城市名片"。

第六章

推动算力高质量发展的策略

当前算力发展面临应用多元化、供需不平衡的挑战。一方面，迈入万物智能时代，新兴技术的快速兴起、海量数据的爆发性增长以及应用场景的日益多元化，推动算力成百上千倍增长，加速算力多样化升级。以大模型训练为代表的新兴技术和应用快速崛起、反复迭代，助推数据量和算力需求爆炸性增长，加快算力从芯片到架构再到系统的全方位升级。另一方面，算力的提升面临多重挑战，以延续摩尔定律为主的固有升级路线对提升算力规模的效果日渐乏力，从芯片到算力的转化依然存在着巨大的鸿沟，现有计算技术升级使算力规模每年的增速仅数倍，算力供需之间的差距依然很大，新技术、新架构的演进和产业化方兴未艾，计算技术亟须在理论架构和软硬件实现层面产生质的飞跃。

当前，"十四五"已经进入收官之年，国家及各地"十四五"算力发展规划已进入成果收获阶段，纵横联动、持续推进以算力为新质生产力的数字经济高质量发展。我们要全面贯彻落实党中央、国务院决策部署，立足制造强国、网络强国和数字中国建设，牢牢把握经济社会数字化、智能化发展浪潮，以供给侧结构性改革为主线，以扩大内需为战略基点，深入把握算力发展的特点和规律，不断壮大算力规模，提升产业供给能力，激发创新驱动活力，持续优化发展环境，强化应用赋能效应，深化对外开放合作，着力构建我国算力发展新格局，为数字经济的蓬勃发展提供有力支撑。

一、政策护航：为算力发展铺设坚实基石

近年来，我国陆续出台一系列围绕算力的政策举措，从顶层规划、设施建设，再到应用创新等多个方面发力，为算力基础设施建设与发展筑牢制度根基。同时，强化政策引导与行业监管，确保算力资源的高效配置与合理利用，为算力产业的持续健康发展奠定坚实的基础。

顶层规划方面，2020年12月，国家发展改革委、中央网信办、工业和信息化部、国家能源局四部门联合出台《关于加快构建全国一体化大数据中心协同创新体系的指导意见》。该意见指出，要加快构建全国一体化大数据中心协同创新体系，强化数据中心、数据资源的顶层统筹和要素流通，加快培育新业态新模式，引领我国数字经济高质量发展，助力国家治理体系和治理能力现代化。2021年3月，我国"十四五"规划纲要提出，要加快建设新型基础设施，加快构建全国一体化大数据中心体系，强化算力统筹智能调度，建设若干国家枢纽节点和大数据中心集群。2023年2月，中共中央、国务院印发《数字中国建设整体布局规划》。该规划提出，要系统优化算力基础设施布局，促进东西部算力高效互补和协同联动，引导通用数据中心、超算中心、智算中心、边缘数据中心等合理梯次布局。2023年12月，国家发展改革委、国家数据局等五部门联合印发《深入实施"东数西算"工程 加快构建全国一体化算力网的实施意见》，该意见从通用算力、智能算力、超级算力一体化布局，东中西部算力一体化协同，算力与数据、算法一体化应用，算力与绿色电力一体化融合，算力发展与安全保障一体化推进等五个统筹

出发，推动建设联网调度、普惠易用、绿色安全的全国一体化算力网。2025 年 5 月，工业和信息化部印发《算力互联互通行动计划》，明确将开展算力互联筑基行动、算力设施互联提速行动、算力互联互通平台体系建设行动、算力业务互通创新行动、算力互联领航行动五大行动，推动更好整合利用各类公共算力资源，促进算力高效供需匹配，提升我国公共算力的使用效率和服务水平，有力支撑我国数字经济高质量发展。

设施建设方面，2021 年 5 月，国家发展改革委、中央网信办、工业和信息化部、国家能源局联合印发了《全国一体化大数据中心协同创新体系算力枢纽实施方案》。该方案明确提出，在京津冀、长三角、粤港澳大湾区、成渝，以及贵州、内蒙古、甘肃、宁夏等地区布局建设全国一体化算力网络国家枢纽节点，加快实施"东数西算"工程，提升跨区域算力调度水平。2023 年 10 月，工业和信息化部等六部门联合印发《算力基础设施高质量发展行动计划》。该计划提出，要加强计算、网络、存储和应用协同创新，推进算力基础设施高质量发展，充分发挥算力对数字经济的驱动作用。

应用创新方面，2022 年 7 月，科学技术部等六部门印发《关于加快场景创新 以人工智能高水平应用促进经济高质量发展的指导意见》。该意见提出，要鼓励算力平台、共性技术平台、行业训练数据集、仿真训练平台等人工智能基础设施资源开放共享，为人工智能企业开展场景创新提供算力、算法资源；鼓励地方通过共享开放、服务购买、创新券等方式，降低人工智能企业基础设施使用成本，提升人工智能场景创新的算力支撑。2022 年 8 月，科学技术部印发《关于支持建设新一代人工智能示范应用场景的通知》。该通知提出，要打造形成一批可复制、可推广的标杆型示范应用场景。

管理规范方面，2023 年 7 月，国家互联网信息办公室等七部门联合公布《生成式人工智能服务管理暂行办法》(以下简称《暂行办法》)。《暂行办法》的发布旨在鼓励生成式人工智能算法、框架、芯片及配套软件平台等基础技术的自主创新，平等互利开展国际交流与合作，参与生成式人工智能相关国际规则制定；推动生成式人工智能基础设施和公共训练数据资源平台建设；促进算力资源协同共享，提升算力资源利用效能；推动公共数据分类分级有序开放，扩展高质量的公共训练数据资源；鼓励采用安全可信的芯片、软件、工具、算力和数据资源。2024 年 7 月，国家发展改革委等四部门联合印发《数据中心绿色低碳发展专项行动计划》，该计划提出，要加快数据中心节能降碳改造和用能设备更新，并提出了完善数据中心建设布局、严格新上项目能效水效要求、推进存量项目节能降碳改造、提升可再生能源利用水平、加强资源节约集约利用、推广应用节能技术装备六项重点任务。

除政策保障作为算力发展的基石外，算力的高质量发展还需要加强政策的执行与落实，不断优化算力发展的生态环境。一方面，需强化产、学、研、用、政、金等多维度协同合作机制，以优化算力创新资源配置，激励算力企业不断提升自主创新能力。在此过程中，相关部门应积极引导社会资本、金融机构参与算力基础设施的建设，助力技术产业繁荣。例如，加大对算力领域重点与薄弱环节的金融支持，鼓励符合条件的金融机构与企业发行绿色债券，并支持有潜力的企业上市融资，拓宽算力产业的资金来源渠道。另一方面，还要完善要素保障机制。相关部门应充分发挥数据作为关键生产要素的核心作用，构建完善的数据资源管理与应用体系，深化公共数据资源的开发利用，推动数据资源市场化进程，以促进数据要素的高效流通与优化配置，从而培育并壮大数据要素市场。此外，还需强化计算领域高端人才的培育与引进工作，秉持"高精尖缺"的导向，依托优质企业、高水平产业集聚区及产业创新平台，全方位培养并吸引创新型与复合型人才。同时，加快算力标准和测评体系的建设与完善，强化知识产权布局与保护，以此提升算力产业的核心竞争力，为算力的高质量发展奠定坚实基础。

二、区域赋能：算力布局激发发展新活力

算力布局在区域发展战略中占据着极为关键的地位，其战略意义深远，直接关系到地方经济社会发展的质量与速度。为精准满足区域发展的实际需求，我们需坚持科学规划与合理布局并重，确保算力布局与区域发展目标深度契合。在这一进程中，算力基础设施建设扮演着引领者的角色。它不仅是区域数字化转型的先行者，还是产业结构智能化升级的关键力量。构建高效、智能的算力体系，既能加速传统产业的数字化改造，又能推动新兴产业的培育与壮大，为区域经济社会的全面发展注入源源不断的动力。

要达成算力布局的战略目标，我们需具备前瞻性的视野，采取适度

超前的布局策略。这意味着在算力基础设施建设中，既要满足当前发展的迫切需求，又要为未来发展预留足够的空间。具体而言，要科学、有序地推动数据中心、智算中心及超算中心等核心算力基础设施的建设，确保它们能够成为区域数字化转型的重要支撑。同时，在算力基础设施的选型阶段，需强化评估评测工作，确保所选设施具备高度的先进性、科学性与适配性，从而打造出一批具有示范意义和引领作用的新型算力基础设施标杆。

此外，绿色集约的发展理念也应贯穿于算力布局的全过程。在推动算力基础设施建设的同时，必须始终聚焦绿色化、智能化的发展路径。例如，采用节能高效的设备，对数据中心能源管理系统进行优化、充分利用可再生能源等，这些举措可有效降低算力基础设施的能耗与碳排放，为可持续发展筑牢根基。这不仅有助于提升算力基础设施的经济效益与环境效益，还能够为区域经济社会的绿色发展提供有力支撑。

为了进一步提升区域算力互联能力，还需加强新型算力网络建设并做好配套支撑工作。借助优化网络架构、提升网络带宽、降低网络时延等措施，确保算力资源能够在更广泛的区域内实现高效共享与互补。这将有助于形成算力资源的高效利用与优化配置机制，为区域经济社会的数字化转型提供更加坚实的支撑。

在推动新型信息基础设施体系建设的进程中，我们需要以新一代通信网络为基础，以数据和算力基础设施为核心，以融合基础设施为突破重点。一方面，加速数据中心、智算中心、超算中心等算力基础设施的建设与迭代升级，不断提升算力基础设施的整体水平。另一方面，积极构建全国一体化大数据中心体系，强化算力资源的统筹管理与智能调度，建设若干国家枢纽节点和大数据中心集群，加快打造数网协同、数云协同、云边协同、绿色智能的多层次算力基础设施体系。这为国家重大战略和区域协调发展战略的深入实施以及区域经济社会的全面发展提供更强有力的支撑。

三、技术筑基：铸就算力核心硬实力屏障

坚持创新驱动发展战略与加速核心技术研发是推动我国算力产业迈向全球价值链高端的关键路径。掌握核心技术能够提升算力产业的核心竞争力，其自主可控对于保障国家信息安全、促进产业升级至关重要。因此，我们需加大在芯片设计、算法优化、系统架构等核心领域的研发投入，集中力量攻克一批关键核心技术难题，从根本上提升我国算力产业的自主创新能力与竞争力。

为实现这一目标，我们需进一步强化产学研用协同创新体系建设，打破传统界限，推动科研成果向现实生产力高效转化。构建紧密合作的创新网络，加速科技成果的商业化应用，为算力产业的高质量发展提供源源不断的动力源泉。同时，充分利用我国庞大的市场需求和新型举国体制的优势，打造以算力为核心，涵盖硬件、软件及服务的协同创新生态体系，推动产业链上下游协同发展，形成良性互动的创新生态。

在技术创新层面，我们应积极把握全球科技发展趋势，聚焦人工智能计算、高性能计算等关键领域，全力推进算法模型、高端芯片、计算系统、软件工具等关键技术的攻关与突破。这不仅有助于夯实算力产业的发

展基础，还为我国算力产业发展开辟新的增长空间。此外，持续推进基础研究，探索多元路径，加强对计算理论、计算架构、计算方式等方向的深入研究，加快对存算一体、量子计算、类脑计算、光计算等前沿颠覆性技术的系统化布局，有望在未来计算领域构建新的技术体系与产业优势，引领后摩尔时代的发展潮流。

在人才培养与引进方面，我们需加强高端计算领域的人才培养与团队建设，通过优化创新资源配置，构建以企业为主体、市场为导向、产学研深度融合的技术创新体系。鼓励企业加大研发投入，提升自主创新能力和知识产权布局能力，同时加强与高校、科研院所的合作，共同培育具有国际视野和创新能力的复合型人才。此外，积极引进海外高层次人才，为算力产业注入新的活力。

四、生态共荣：企业孵化与产业生态协同

在数字经济蓬勃发展的今天，构建一个完善且充满活力的算力产业生态，已成为推动该领域持续繁荣与健康发展的核心力量。这一生态的构筑，不仅深刻影响技术创新的深度与广度，还直接关系到产业链上下游企业间的协同效率以及整体国际竞争力的提升。因此，我们需从多维度、深层次出发，全面加速企业孵化与产业生态的深度融合，促进两者的协同发展，以应对日益复杂多变的市场挑战。

首先，构建一个高效、专业且全面的算力产业孵化平台显得尤为关键。该平台应整合资金、技术、市场等多方资源，为初创企业提供一站式、定制化的成长解决方案。深入了解企业需求，精准对接资源，助力

初创企业快速跨越发展初期的种种障碍，实现从技术突破到市场应用的顺畅过渡。同时，鼓励孵化平台内企业间的深度交流与合作，共同探索算力产业的新技术、新应用，激发整个产业的创新活力。

其次，在构建算力产业生态的过程中，优化产业布局、促进产业链上下游企业的协同至关重要。通过引导企业向专业化、精细化方向发展，特色鲜明、相互支撑的产业集群得以形成，这有助于提升整个产业的抗风险能力。同时，加强对产业链关键环节的建设，推动技术创新与产业升级，确保我国算力产业在全球价值链中占据更有利的位置。此外，积极构建开放合作的产业生态体系，吸引国内外优质企业加入，通过资源共享、优势互补，共同推动算力产业的繁荣发展。

最后，为了进一步提升算力产业的供给能力，我们需要加快培育壮大先进计算产业。这要求我们在计算设备、计算芯片、计算软件等关键领域加大研发力度，推动技术创新与产品迭代。同时，面向多元化应用场景，推动技术融合与产品创新，满足市场对算力产品的多样化需求。此外，构建先进计算企业梯度培育体系，鼓励企业向专精特新方向发展，形成大中小企业融通发展、产业链上下游协同创新的发展新格局。通过优化产业布局与资源配置，现有园区的发展质量与水平得以提升，区域布局合理、辐射带动效应显著的算力产业体系得以形成。

五、应用深化：算力赋能各行业转型升级

算力作为数字经济时代的关键生产力，其应用价值的深度挖掘与广泛应用，是驱动各行业转型升级的重要引擎。我们需致力于推动算力与

实体经济深度融合，以算力为核心驱动力，赋能传统产业转型升级，并催生新兴产业增长点。

首先，要引领算力行业应用新趋势。面对算力应用的新趋势，如通用大模型与垂直行业大模型的兴起，我们应迅速把握市场脉搏，依托国内庞大的市场需求，推动算力广泛应用于城市管理、工业智能化、信息消费、自动驾驶及办公自动化等领域。这些领域的算力应用，将极大地促进技术创新与产业升级，成为行业发展的新动力。

其次，要深化算力在传统领域的融合。我们不应忽视算力在科学研究、金融服务、教育体系及医疗健康等传统领域的融合应用。通过鼓励龙头企业发挥标杆作用，加强与产业链各方的紧密协作，我们可以推动先进计算系统解决方案与各行业应用场景的深度融合与创新。这将使异构计算、智能计算、边缘计算等先进计算技术在传统领域加速落地，为实体经济的高质量发展持续赋能。

最后，要拓宽算力在新兴领域的应用路径。为了进一步强化算力对各行业的赋能效应，我们需要积极拓宽算力在新型信息消费、智慧城市、智能制造、工业互联网及车联网等新兴领域的融合应用路径。建立健全算力供需对接机制，优化算力资源配置，确保算力资源的高效利用与合理分配。此外，加强算力应用的普及与推广，树立行业应用标杆，形成可复制、可推广的标准化模式，助力推动新兴领域的快速发展。

在推动算力应用的过程中，我们应始终坚持创新驱动发展战略。鼓励先进计算系统解决方案与行业应用的创新融合，推动先进计算技术在更多垂直行业的深度应用与拓展。这不仅助力传统行业加速数字化转型进程，实现生产模式、运营机制、服务模式的全面升级，还能携手各方，共创实体经济高质量发展的崭新未来。

六、国际视野：合作与安全并重发展策略

在全球科技竞赛的激烈角逐中，算力已跃升为衡量国家综合实力与国际地位的关键指标。面对这一历史机遇，我们应积极拥抱国际舞台，以开放包容的心态，主动引领并深化全球算力合作与交流，携手全球伙伴，共同推动算力产业的蓬勃发展，开启全球算力合作的新篇章。

深化国际合作，拓宽算力市场"蓝海"。在经济全球化的时代背景下，算力产业的高速发展离不开国际合作的有力支撑。我们应持续扩大对外开放格局，深化与国际先进企业的战略合作，在算力技术研发领域及标准制定方面开展深入合作，挖掘算力技术的前沿应用潜力，探索新的商业模式。同时，我们需坚定不移地实施创新驱动发展战略，构建知识产权保护体系，确保数据安全与隐私保护，以关键技术自主可控和产业安全为基石，稳固我国在全球算力竞争中的优势地位。通过积极参与国际竞争与合作，不断拓宽算力市场的边界，提升我国算力产业的国际影响力和竞争力。

强化算力安全，共筑国际安全防线。在深化国际合作的大背景下，算力安全已成为不容忽视的重要议题。我们必须将算力安全保障工作置于首要位置，加强网络安全防护与数据保护能力，构建完善的算力安全体系，确保算力资源的安全可靠运行。同时，要加强与国际社会的沟通与协作，共同应对算力领域的安全挑战，提升全球算力产业的

安全性与稳定性。此外，积极参与国际算力安全标准的制定与推广，为国际算力合作提供坚实的安全保障框架，推动形成国际共识与合作机制。

推进"一带一路"共建国家算力合作，构建命运共同体。"一带一路"倡议为我国与"一带一路"共建国家在算力领域的合作展现了广阔的前景。我们应充分利用这一平台优势，加强与"一带一路"共建国家在算力基础设施、技术产业、数字化转型等领域的深度合作，共同打造互信互利、包容共赢的合作伙伴关系。通过优化营商环境、促进公平竞争、加强知识产权保护等措施，吸引更多外资企业参与我国算力产业的建设与发展，同时鼓励国内企业积极"走出去"，拓展海外市场，实现互利共赢的共同发展。此外，充分发挥高校、科研院所、科技领军企业的创新引领作用，通过举办学术会议、国际论坛、项目合作等多种形式的国际交流活动，促进技术等创新要素在国际间的自由流动与优化配置，为"一带一路"共建国家算力合作注入源源不断的活力与动力。

总之，我们应秉持开放合作、互利共赢的原则，积极参与并引领全球算力合作与交流。通过深化国际合作、加强安全保障、推进"一带一路"共建国家算力合作等措施，共同推动全球算力产业的繁荣发展，为构建人类命运共同体贡献智慧与力量。